따라 따라 예수 따라가네

따라 따라 예수 따라가네
Dara, dara, Yeisoo dara kanei

벽안의 선교사가 만난 조선 사람 이야기

애니 베어드 지음, 유정순 옮김

멀리 멀리 갔더니 처량하고 곤하며
슬프고 또 외로와 정처없이 다니니
예수 예수 내 주여 지금 내게 오셔서
떠나가지 마시고 길이 함께 하소서

예수 예수 내 주여 섭섭하여 울 때에
눈물 씻어주시고 나를 위로하소서
예수 예수 내 주여 지금 내게 오셔서
떠나가지 마시고 길이 함께 하소서

다니다가 쉴 때에 쓸쓸한 곳 만나도
홀로 있게 마시고 주여 보호하소서
예수 예수 내 주여 지금 내게 오셔서
떠나가지 마시고 길이 함께 하소서 아멘.

(찬송가 440장, 1895년 애니 베어드 작사)

차 례

추천의 글   11

윌리엄 베어드와 애니 베어드에 대하여   17

저자 서문   42

1. 팔려 가는 어린 신부   45
2. 여자라는 이름의 굴레   65
3. 어둠의 영, 그 세계 속에서   85
4. 고판수의 수난   95
5. 복음에 눈을 뜨다   107
6. 한 알의 밀알이 썩기까지   123
7. 죄악의 사슬을 끊고   145
8. 귀신을 내어쫓는 무당   157
9. 그리스도의 세상   173

교회 가는 길의 보배

추천의 글

한국 교회는 세계 교회 역사상 가장 빠른 진보를 보였습니다. 지난 100년 동안 한국 교회는 안팎으로 엄청난 발전을 거듭했습니다. 사실 우리에게 이런 날이 오리라고는 아무도 생각하지 못했습니다. 예수 믿는 것이 부끄러워 성경책을 감추어두던 때가 있었습니다. 그런데 지금은 예수 믿는 것이 인생에 도움도 되고, 예수 믿는 사람들이 다른 사람들에게 선망의 대상이 되는 경우가 생기기도 합니다.

세계에 복음을 전하는 복된 국가가 된 이 축복을 하나님께 감사하며 찬송합니다. 우리는 지난날 이 복음이 우리에게 전해졌을 때 뿌려진 수많은 눈물들을 잊어서는 안 됩니다. 우리는 이것을 잊을 뻔했습니다. 그런데

이 나라 복음의 여명기에 일어난 아름다운 기록들을 담은 「따라 따라 예수 따라가네」가 출간되었습니다. 한 여인이 멀고 먼 동방의 작고 폐쇄적이었던 나라 한국에 와서 아이를 낳고 살면서 겪은 일들과 암이라는 질병을 등에 지고도 복음 때문에 이땅을 떠나지 않고 마지막까지 사역한 생의 기록입니다. 지나온 어두움의 과정이 있었기에 오늘날의 찬란함이 있습니다. 그때 흘려진 눈물이 있었기 때문에 오늘날 우리는 웃을 수 있고, 가난과 멸시가 있었기 때문에 오늘의 풍요와 영광이 있습니다. 이 책은 1908년에 처음 출간되었습니다. 1907년 '평양대부흥'이 있었던 바로 다음 해입니다. 성령께서 이땅에서 역사하셔서 이땅을 깨워주신 그 감동의 이야기를 동화 같은 문체로 우리에게 전해주고 있습니다. 복음의 여명기에 다가올 찬란한 빛을 사모하고 그리워하는 설레임과 기대를 고스란히 책에 담아냈습니다. 1907년 성령 강림의 축복을 하나님께 감사하는 심령들에게 이 책은 필독서가 되어야 합니다. 또 이 민족과 자라나는 어린 그리스도인들에게 이 아름다운 기록이 계속 읽혀져야 한다고 생각합니다. 디모데 출판사에서 이 책을 출간하게 된 것을 기쁘게 생각합니다. 이 감동의 기록이 많은 사람들에게 읽혀져 1907년의 역사가 마음에 재현되기를 바랍니다. 이 책을 번역하신 유정순님과 하나님께 감사 드립니다.

– **홍정길 목사**, 남서울은혜교회

이 책의 저자 애니 베어드(Annie Laurie Adams Baird, 1864-1916)는 초기 한국 선교의 개척자 윌리엄 베어드(William Martyne Baird)의 아내다. 그녀는 27살 젊은 나이에 한국에 들어와 52세로 세상을 떠날 때까지 남편과 함께 부산, 대구, 평양 선교를 개척했다. 전도 사업은 물론 다양한 여성 사업을 펼쳤고, 숭실학당, 평양외국인학교, 평양여자성경학교, 숭의여학교의 설립, 찬송가공의회 회원, 물리학, 동물학, 식물학 교과서 편찬에 이르기까지 그녀가 이룩한 업적은 가히 경이적이다. 애니 베어드는 한 여인이 이땅 조선에 태어나 예수를 영접한 후 새로운 세계관을 갖고 살아가게 되는 일생을 탁월한 문학적 감각을 가지고 재구성하였다. 이 책의 주인공 보배의 모습은 특별한 한 여인을 소재로 삼았다기보다 당시 조선 여인들의 보편적인 일생을 형상화한 것이다. 우리는 이 책을 통해 복음이 들어오기 전 조선의 여인들이 어떤 삶을 살아야 했는지를 볼 수 있을 뿐만 아니라, '오직 그의 나라와 그의 의를 위하여' 은둔의 나라에 달려와 복음을 전하고 이 땅에 자신의 생명을 묻은 한 서양 여인의 조선에 대한 깊은 사랑과 헌신을 동시에 읽을 수 있다.

- **박용규** 교수, 총신대학교 신학대학원, 한국교회사연구소 소장

충격적이다 - 여성으로서

100년 전 한국의 여성들이 그 존재 가치를 넘어서 생존과 위협과 고통 속에서 살아갔다는 사실에 충격을 받았다. 당시의 사회상은 남자의 잘못도 여자의 탓으로 여겨 소박을 놓고 밥을 주는 것조차 아까워했으니 어찌 이 나라의 여성들이 사랑을 받았다고 말할 수 있겠는가? 그

러나 복음의 메시지는 예수 그리스도께서 십자가에 죽으심으로 여자들을 대신하여 소박을 맞고, 그를 믿는 여성들마다 이 속박에서 벗어나 빛의 자녀가 되는 자유를 주셨다. 이는 복음의 최대 수혜자가 여성들임을 생생히 느끼게 하는 사실적인 글이다.

놀랍다 - 하나님의 자랑스런 민족

복음에 무지한 사람들, 성도의 도를 따르고 싶어도 모델이 없는 황무한 곳에서 구원의 확신과 감격에 자신의 생명과 재산, 모든 것을 드려도 아까워하지 않는 믿음과 열정이 우리 선조에게 있었다는 것은 놀라운 사실이다.

그 후손으로서 긍지를 갖는 동시에, 우리 민족 안에 내재된 전도에 대한 열정은 도리어 현재의 선교사 파송 세계 2위국의 위치가 당연한 결과임을 보여준다.

감사하다 - 21세기의 선교를 감당하는 사역자로서

이 책이 쓰여진 당시의 생활상을 야만적인 관습으로 치부하지 않고, 하나님 아버지의 마음으로 영혼을 바라보며 아름다움을 찾았던 애니 베어드 선교사님을 통해

진정한 사역자의 관점을 배우게 됨에 감사하다.

믿음을 위해서 - 추천합니다

이 책은 믿음의 행전을 기대하는 사람들에게 감사와 기쁨을 더해주고 능력의 삶을 소망하게 해준다. 특히 이 땅의 믿음의 여성들을 베스트로 사용하시는 하나님의 놀라운 역사를 생생하게 증거해준다. 또한 이 책은 그리스도를 영접하지 않은 사람에게는 복음의 메시지를 전해주고, 성도들에게는 믿음을 굳게 해주며, 사역자에게는 하나님과 동행한 법을 배우게 해주는 길잡이가 되어준다.

– **이용숙**, 주)수양급식 대표, 오병이어 선교회 회장

윌리엄 베어드와
애니 베어드에 대하여

애니 로리 아담스 베어드Annie Laurie Adams Baird는 1864년 9월 15일 미국 인디애나 주 부유한 농가에서 독실한 기독교 신앙을 토대로, 절제와 근면을 생활 신조로 삼았던 제이콥 아담스Jacob Adams와 낸시 해밀턴Nancy Hamilton 사이의 8남매 중 여섯째로 태어났다.

오하이오 주 옥스포드에 위치한 웨스턴 여자 대학에 입학하여 일 년을 다니다가 애니 선교사의 쌍둥이 동생인 아더Arthur가 다니고 있던 하노버 대학교로 옮겼다. 이곳에서 후에 남편이 될 윌리엄 베어드William Baird를 처음 만나게 되었으나, 서로에게 별 다른 감정을 느끼지 못한 채 다른 서클에서 활동하였다. 이 즈음에 아버지가 돌아가시면서 온 가족은 토피카로 이사하였다. 결국 애니와 아더, 막내 동생 제임스James는 그곳에 있는 워쉬번 대학교를 졸업하게 되었다.

윌리엄 베어드William Baird는 1862년 인디애나 주 시골에서 존 마틴 베어드John Martyn Baird와 낸시 패리스 Nancy Faris 사이에서 태어났다. 엄격한 가정 교육과 깊은 신앙심으로 아들들을 길러낸 어머니 낸시는 그들을 어려운 가정 형편 속에서도 목사로 만드는 데 큰 역할을 했다. 윌리엄 선교사의 형 존John Faris Baird은 동생보다 11살이 많았기 때문에 동생의 학비를 책임져주었다. 윌리엄 선교사는 하노버 대학을 1885년에 졸업하고 맥코믹 신학 대학원을 1888년에 졸업했다. 그러나 바로 선교사의 길로 나서지 못하고 형에게 진 빚을 갚기 위해 2년 동안 일했다. 형은 빚을 돌려받기를 원치 않았으나 그것은 윌리엄 선교사의 마음에 어려운 일이었다. 그래도 빚을 다 갚지 못했으나 형과 친구들의 권유로 드디어

윌리엄 베어드 선교사

선교사의 길로 떠나게 되었다.

1870년대와 1880년대 D. L. 무디Dwight L. Moody 목사의 부흥 운동이 미국 전역을 휩쓸면서 대학 캠퍼스에서는 수많은 청년들이 하나님께 헌신했고, 선교사로 자원하는 청년들도 많았다.

애니 베어드 선교사

선교사로서 같은 뜻을 품고 있던 애니 아담스와 윌리엄 베어드도 이때 다시 만나게 되었고, 1890년 11월 18일에 애니 선교사가 살던 토피카에서 결혼하였다. 그들은 결혼한 날로 그곳을 떠나 꼭 한 달 만에 샌프란시스코에서 중국으로 가는 배에 올랐다.

이듬해 1월 8일 요코하마에 내려 한국으로 가는 증기선을 기다려야 했다. 그 동안 일본에 선교사나 외교관으로 와 있던 여러 사람들과 교제하면서 한국 선교에 대한 여러 조언과 도움을 받는 좋은 기회가 되었다. 이때 만난 헨리 루미스Henry Loomis 목사는 미국성서공회American Bible Society 소속으로 일본에 파견되어 있었는데 그후로 베어드 부부를 찾아 평양을 왕래하며 교제한 평생의 친구가 되었다. 1월 25일, 일본 고베를 떠난 증기선은 나가사키를 거쳐 29일 부산항에 들렀다가 2월 1일, 주일날 저녁 제물포항지금의 인천항에 마침내 도착하였다.

이미 한국에 선교사로 와 있던 사무엘 마펫Samuel Moffett이 윌리엄 선교사를 위한 말 한 필과 애니 선교사가 탈 가마를 준비하여 마중나왔다. 가방과 트렁크를 등에 진 일꾼들과 함께 서울을 향한 긴 행렬이 시작되었다. 마펫 선교사는 윌리엄 선교사와 대학 시절부터 선교의 꿈을 함께 키워온 막역한 친구였다. 드디어 그 행렬은 이튿날 저녁 서울에 도착하였고, 그 당시 한국에서 활동하고 있던 전체 선교사 7명의 환영을 받으며 한국 땅에서 첫 날을 보내게 되었다.

바로 그 다음 날, 1891년도 선교 총회가 열렸고 이 총회에서 베어드 부부는 부산 지구 담당 선교사로 임명되었다. 그것은 이제까지 서울 중심이었던 선교 방침이 지방으로 확산되는 획기적인 결정이었다. 베어드 선교사 부부가 정착하게 된 부산은 사실 일본 사람들의 마을이었다. 외국인들은 서울 밖으로는 주거지가 허락되지 않았고, 국제 통상이 이루어지는 항구까지만 겨우 허락이 되었다. 한국인들의 마을에서 멀리 떨어진 부산항은 일본 우체국, 일본 은행 등 일본 화폐로 통상이 이루어지는 무역 중심지의 역할을 하고 있었다.

1891년 9월 베어드 부부의 선교 사역은 이렇게 부산항에서 시작되었다. 1892년 6월부터 동학 농민 운동과 의병 운동으로 정국은 어지러웠고, 조선 정부는 외부 세계와 단절한 채 쇄국 정책을 계속 고집하고 있었다. 1592년 토요토미 히데요시의 지휘 아래 침략해 조선의 해안 지대를 짓밟았던 일본은 계속해서 통상을 강요하며 무력으로 부산항1876, 원산항1880, 인천항1883을 열게 했다. 일본의 침략적인 공세에 대응하기 위하여 조선은 미국, 유럽과 조약을 맺었지만 그것이 서방인의 내국을 환영하는 것은 결코 아니었다.

로마 가톨릭은 이미 1777년부터 조선 민중들 사이에 은밀히 퍼져 있었다. 그후로 계속 잔학한 핍박을 받아오다 1866년 대원군의 학살 사건으로 핍박의 절정을 이루게 되었다. 베어드 선교사 부부가 찾아온 시기의 조선은 반기독교 정책은 존재하고 있었으나 철저히 시행되고 있지는 않았던 때였다. 그러나 언제 다시 핍박의 바람이 불어닥칠지 아무도 예측할 수 없는 불안과 혼돈의 땅이었다.

최초의 기독교개신교 선교사로 조선 땅을 밟은 알렌Allen 박사는 명성왕후의 조카를 살린 공덕으로 인해 왕궁의 신임과 총애를 받는 궁의가 되었고, 동시에 고종으로부터 참판의 직위를 받았다. 따라서 궁을 자유로이 출입할 수 있는 특권뿐만 아니라, 워싱턴에 한국 대사관을 열었을 때 고종의 정식 보좌관 및 통역으로 추대되기도 했다. 알렌 박사는 미국 장로교 해외 선교 본부로부터 2년 간 휴임하였다가 임무를 마친 뒤 다시 한국으로 돌아왔다. 그는 선교 본부의 원래 계획에 따라 베어드 선교사 부부와 함께 부산에 선교 기지를 시작할 준비를 했다. 그러나 알렌 박사는 미국 정부로부터 공사로 임명되어 그 직책을 수행하기 위해 서울에 머무르게 되면서 가장 영향력이 큰 서양인의 위치를 굳혔다. 그러면서 다른 선교사들의 사역을 정착시키는 데 큰 도움을 주게 되었다.

베어드 선교사 부부도 이렇게 알렌 박사의 도움으로 대지를 구입할 수 있었다. 외국인 명의로는 처음으로 허락된 부지 매매였다. 부산 항구가 내려다보이는 높은 곳에 새로이 건축된 선교관사는 이후 많은 선교사 및 외국인의 휴양지 혹은 합숙소로 불리울 만큼 손님을 대접하는 애니 선교사의 은사가 쓰임받은 곳이다. 이 집이 옴니버스omnibus: 누구나 올라타는 버스 라고 불리운 것도 무리가 아니다.

베어드 선교사 부부는 선교란 먼저 가정에서부터 시작되어야 한다고 믿었다. 그리스도가 중심이 되어 생활하는 가정의 모습에서 전도는 시작된다고 믿으면서 가정 예배를 한국말로 시작하였다. 그 집에 있는 사람들은 누구든지, 손님이든 일손이든 이 예배에 참석하는 것을 의무화시켰다. 이렇게 해서 얻은 첫 수확은 그들의 집에서 허드렛일을 도와주던 소년과 빨래해주던 아주머니였다.

그들의 두 번째 정책은 사랑채 전도 방법이었다. 수백 년 동안의 쇄국 정책으로 말미암아 고립되어 살던 한국인들에게는 서양 사람들이, 특히 부부 사이의 생활이 큰 구경거리일 수밖에 없었다. 신기한 눈으로 바라보는 그들의 호기심에 서양 관료들이나 사업가들은 성가신 눈총만 주었을 뿐 베어드 부부같이 따스하게 맞아주지 않았다. 베어드 선교사 부부는 오히려 이것을 선교의 기회로 삼았다.

한국의 관습에 따라 사랑채에 드는 손님은 선교 대

상으로 여겨 윌리엄 선교사가 친히 맞이해주었다. 그리고 함께 대화를 나누며 질문에 답하기도 하고, 전도지를 주기도 하며, 쪽 복음서를 권하기도 하였다. 한국의 양반집 사랑채처럼 밤에 유숙하는 손님은 받지 않았으나 가끔 점심 식사를 대접하기도 하였다. 동네 사람들은 그저 윌리엄 선교사가 한글을 공부하는 것을 신기한 구경거리로 삼아 몇 시간씩 앉아 있곤 하였다. 그러다 서서히 기독교에 흥미를 보이며 주일마다 예배에 참석하는 남자들이 늘어갔다.

1892년 7월, 애니와 윌리엄 선교사의 첫딸 낸시 로즈 Nancy Rose가 태어났다. 그러나 뇌척수막염에 걸려 두 돌을 못 넘기고 세상을 떠나고 말았다. 젊은 선교사 부부는 집에서 내려다보이는 언덕에 첫 아기를 묻고 이별의 슬픔을 견뎌내야 했다. 1894년 10월 첫아들 존John Adams이 태어났고 관사는 여전히 지나가는 손님들, 선교사들, 일하는 사람들, 구경꾼들로 날마다 북적거렸다.

베어드 선교사 부부는 전도지를 한국말로 만들어 문서 전도에 사용하는 일 외에 교육 사역을 확장하여 젊은이들에게 복음을 가르치는 발판을 만들어나갔다. 1895년 1월 '한문 학교'를 열고 한문과 중국 고전 외에 성경,

산수, 지리 등 다양한 과목들을 가르쳤다. 무엇보다 모든 학생들에게 매일 아침마다 의무적으로 예배를 드리게 했는데, 특히 애니 선교사가 가르치는 찬송 시간을 통하여 많은 학생들의 마음이 복음을 향하여 열리게 되었다. 나아가 주일 아침 예배에도 참석하도록 권면하였는데, 때문에 주일마다 드려지는 사랑채 예배에 참석하는 사람이 자연스럽게 한 명씩 늘어나게 되었다.

애니 선교사는 선교사로 헌신하기 전에 작가의 길을 갈 마음이었고, 어린 나이부터 탁월한 재능을 인정받았다. 이 책만 보아도 그녀의 재능을 짐작할 수 있다. 그녀는 찬송가 위원회 위원으로서 찬송가 번역에도 특별한 흥미와 재능이 있었을 뿐 아니라, 학생들에 대한 남다른 사랑과 헌신으로 그들의 사랑을 온 몸에 받은 선생님이기도 했다. 그녀가 지은 「한국어를 학습하는 데 도움이 되는 50가지 Fifty for the Study of the Korean Language」란 책은 한국어를 배우려는 사람들에게 2차 세계대전까지 표준이 되는 교과서였다.

베어드 선교사 부부는 한국의 내지로 들어갈 계획을 세우고 대구를 제2의 선교 기지로 결정하였다. 명성왕후가 살해된 후 조선의 정국은 혼란과 불안의 소용돌이 속에서 헤어나지 못한 채 곳곳에서 일어나는 민란으로 더욱 어지러워졌다. 양반들은 더욱 숨을 죽이고 시골로 들어가 은둔 생활을 하면서 정국의 혼란기를 피하려 하였다. 베어드 선교사 부부가 대구에 쉽게 집을 구입할 수 있었던 것도 이 때문이었다.

그들이 대구로 이사오던 날 윌리엄 선교사는 말을 타고, 애니 선교사와 큰 아들 존그 당시 한 살 반은 가마를 타고 들어왔다. 그들이 외국인이었음을 분명히 알았음에도 대구 시 관리들은 특별한 내색을 하지 않았다. 서양 여자를 본 적이 없는 불량배 몇 명이 가마에 달려들어 커튼을 제치고 쏘아보며 안채까지 쫓아 들어가는 소동을 벌였다. 윌리엄 선교사가 관아에 알리자 몽둥이를 든 관졸 몇 명이 즉시 파견되어 불량배들을 내쫓아주며 다시는 얼씬대지 못하도록 매질까지 하였다. 선교사 부부는 이 사건을 한국이 자기네들을 드디어 받아주는 고무적인 증거로 받아들였다. 지난 6년 동안의 수고와 기도의 결실이었다.

베어드 선교사 부부의 특별한 헌신과 재능은 그들의 교육열과 구체적인 선교 기획 방침에서 인정받았다. 윌리엄 선교사는 복음 중심의 교육과 함께 전도자 양성 교육의 필요성과 구체적인 방침을 제시하였다. 그들은 장로교 선교회의 한국 선교부 교육 자문으로 부임하기 위하여 1896년 갑자기 서울로 이사하게 되었다. 때문에 부산과 대구의 선교지는 애니 선교사의 남동생 제임스 아담스James E. Adams 박사 부부가 대신 맡게 되었다. 지금도 대구 제일장로교회 앞에 세워져 있는 아담스 선교사의 기념비가 이 역사를 증명해주고 있다.

서울에 있는 학교는 날로 발전을 거듭하면서 중학교로 증설되어야 할 필요성이 대두되었다. 1897년 가을, 선교회 본부 정책으로 북부 지방에 대한 교육 시설을 확장시키는 것이 결의되었다. 이를 위한 책임자로 베어드 선교사 부부가 임명되었고, 그들은 다시 평양으로 이사하게 되었다. 드디어 그들이 품은 기독교 교육의 꿈을 마음껏 실현할 수 있는 첫 계기가 마련되었던 것이다. 이것이 바로 숭실대학교의 역사적인 첫발걸음이었다.

그들이 발견한 한국의 북녘 땅은 7년 동안 경험한 남쪽과는 판이하게 달랐다. 마치 서로 다른 나라 사람들처럼 느껴질 정도로 판이하였다. 북쪽 사람들은 보다 더 독립성이 있어 보였고, 남을 배려하는 마음도 더 깊었으며, 생활력도 더 강한 느낌을 주었다. 마펫 선교사 및 다른 선교사들이 뿌린 복음의 물결은 이미 순천, 의주, 벽동, 위원, 강계에까지 들어갔고, 그리스도를 아는 지식이 체험적인 삶에서 증명되고 있었다. 미신과 구습에 젖은 삶에서 새 생명으로 거듭난 모습이 안식일에 드리는 예배에서 역력하게 드러났다. 그들은 거룩한 삶으로 변화되려는 갈망과 그리스도를 더욱 깊이 알고 싶어하는 열정으로 뜨거웠다.

1899년 3월 베어드 선교사 가족은 안식년 휴가를 맞아 처음으로 귀국하였다. 첫 아기 낸시는 잃었지만 그후에 태어난 세 아들 존4살 반, 윌리엄William Jr, 2살, 리처드Richard, 6개월 를 데리고 고향 땅을 밟게 되었다. 미국에 체류하는 동안 애니 선교사의 친정에 머물렀는데, 친정 식구들이 섬기는 토피카 제일장로교회가 그들의 보금자리가 되어주었다. 이 기간 동안 윌리엄 선교사가 어릴 적에 다니던 인디애나 주 교회도 방문하였고, 해외 선교 주제 강사로 캔자스 주, 네브라스카 주, 미주리 주 전역에 걸쳐 장로 교회를 순방하였다.

안식년 기간 동안 가장 감격적이었던 일은 1900년 4월, 뉴욕에서 열렸던 연합 선교 대회였다. 교파를 초월한 선교사들의 총연합 대회였기에 한국을 가슴에 품고 사랑하는 모든 선교사들을 한 곳에서 만날 수 있는 뜻깊은 날이었다. 한국으로 갈 수 있도록 베어드 선교사 부부를 재정적으로 후원해준 존 언더우드John Underwood 박사를 처음으로 만났고, 한국 선교 역사에 큰 공을 세운 철강 산업가 루이스 세브란스Louis Severance도 만나게 되었다. 그날 이후 윌리엄 선교사와 루이스 세브란스와의 우정은 한국을 위한 교육 사역, 의료 사역에 역사적인 열매를 남기는 아름다운 계기가 되었다.

베어드 선교사 부부는 안식년으로 떠나기 전에 평양 부근에서 사역하고 있는 선교사들 가운데 학교에 다니는 자녀들을 둔 선교사들을 자기 집으로 모이게 했다. 장로교와 감리교 선교사들이 한자리에 모여 그들이 당면한 자녀 교육 문제를 심각하게 토론했다. 그들은 입을 모아 선교사 자녀들을 위한 특수 학교의 필요성을 피력하였다. 이 문제는 고향에서 보내는 안식년 기간 동안 꼭 해결해야 할 과제로 베어드 부부의 마음을 무겁게 했다.

그러던 가운데 토피카 제일장로교회에서 한 여자 교사를 만나게 되었다. 루이스 오길비Louise Ogilvy는 하나님이 예비하신 사람이었다. 왜냐하면 베어드 부부가 한국 선교사들의 난처한 상황을 이야기했을 때 그녀는 쾌히 승낙하였고, 그녀를 한국으로 데리고 가는 데 필요한 배 삯을 어느 부유한 교인이 부담해주기로 한 것이다. 그러나 그녀의 월급은 자녀를 둔 몇몇 선교사들의 책임이었다. 왜냐하면 그 당시 선교 본부 측에서는 선교사 자녀들의 교육 문제는 전적으로 부모의 책임으로 여겼기 때문이었다. 그것은 선교사들에게 그들의 작은 선교비에서 또 한 부분을 떼어야 하는 것을 의미했다. 이것이 평양 외국인 학교Pyongyang Foreign School의 시작이었다. 이 학교는 1920년과 1930년에는 한국 전역에서뿐만 아니라 만주에서까지 많은 선교사 자녀들의 교육을 담당하는 훌륭한 학교로 성장하였다.

선교사 가족이 안식년을 지나고 선교지로 돌아오기 전에 필수적으로 준비하는 것이 있다. 특히 선교사 부인들이 꼭 챙겨야 하는 것들은 자녀들의 의복, 신발, 내의 등 선교지에서 구할 수 없는 필수품들이다. 몇 년 동안 사용할 물건들을 하나하나 준비하여 배로 부쳐야 했다. 애니 선교사도 자기 언니들과 재봉사들을 동원하여 여러 개월에 걸쳐 3, 4년 동안 입을 옷들을 만들었다. 1900년 5월, 베어드 선교사 가족은 여객선으로 미국을 떠나면서

짐은 화물선으로 부쳤다. 그 화물선은 뉴욕항을 떠나 수에즈 운하를 거쳐 1901년 4월에 한국 진남포항에 들어왔다. 일본에서 작은 화물선으로 옮겨진 베어드 가족의 짐들은 진남포항에 들어오면서 불이 났고, 그 배에 실었던 모든 화물은 다 타버렸다. 보험 회사에 연락했지만 화재가 난 배는 뉴욕항을 떠난 미국 화물선이 아니었기에 손해 배상이 불가능하였다. 고난에 단련된 선교사로서 그런 일은 선교 본부가 변상할 수 있거나, 그렇게 해야 한다고 생각하지 않았기에 본부에 알리지 않은 채 윌리엄 선교사는 일기에 '아내가 많이 실망하였다'라고만 기록했다.

1901년 12월에 넷째 아들 아더 패리스Arthur Faris가 태어났다. 그러나 일 년을 건강하게 자라다가 폐렴에 걸려 죽고 말았다. 그들에게는 두 번째로 아기를 잃는 처절함이었다. 첫째 딸 낸시Nancy Rose의 묘를 부산에서 이장하여 평양 외국인 묘지에 나란히 묻었다.

의화단 운동이 중국에서 일어나면서 그 여파가 조선 땅으로까지 밀려왔다. 기독교인 학살 음모 사건과 러일 전쟁, 또 그 와중에 조선 땅을 떠나는 다른 선교사들과 서양인들을 보내면서 윌리엄과 애니 선교사는 강건함을 잃지 않았다. 미국에 있는 형에게 쓴 편지를 보면 오히려 걱정하는 형을 위로하였고, 하나님의 신실하심과 하나님의 주권을 신뢰하는 내용뿐이었다.

형에게.

저는 지금 굉장한 혼란 가운데 편지를 쓰고 있습니다. 러시아의 소규모 군대가 의주에 도착했다는 소식이 전해졌습니다. 일본 군대는 오늘 여기에 도착하기로 되어 있습니다. 한국 사람들은 사방으로 떠나고 있습니다. 우리는 이번 주간에도 저녁마다 복음 전도 집회를 계속했습니다. 사람들은 아주 동요하고 있는데, 우리들과 기독교인들이 평온한 것을 알고는 많은 숫자가 저녁 집회에 나왔습니다. 한번은 저녁에 2천 명이나 되는 사람들이 나왔습니다. 그래서 우리는 오후에는 여자들을 대상으로 하는 집회를, 저녁에는 남자들을 대상으로 하는 집회를 준비했습니다. 어제 저녁 집회 때 예배당은 남자만으로도 거의 꽉 찼습니다. 약 60명이 회심을 고백했습니다. 많은 사람들이 난생처음으로 복음을 들었습니다.

비록 위험을 염려하지는 않지만, 이제는 개인의 안전을 어느 정도는 고려해야 할 필요가 있는 것 같습니다. 만일 러시아가 여기까지 내려온다면, 우리 선교부 구내는 과거에 그랬던 것처럼 전장戰場이 될 것입니다. 따라서 전투가 시작되기 전에 이 장소를 떠날 계획입니다. 여자들과 어린아이들은 배로 보내는 것이 가능할 것 같습니다. 만일 그렇게 못한다면, 여자들과 어린아이들은 전장에서 멀리 떨어진 곳으로 우리와 함께 가야 합니다.

우리는 주님의 손 안에서 안전하다고 느끼고, 위험을 염려하지는 않지만, 어떤 일이 일어나더라도 그에 대해 준비하고 있습니다. 슬픈 일은 우리가 떠날지도 모른다는 것인데, 왜냐하면 여기는 선교를 시작한 곳이고, 머무르고 싶고, 가능한 한 공포에 떠는 조선 사람들을 도와주고 싶기 때문입니다. 결국에는 이런 소란과 불안으로부터 좋은 것들이 당신의 사역에 대한 하나님의 계획 안에서 나타날 것이 분명합니다. 저는 지금 짐을 꾸리느라 바빠서 편지를 길게 쓸 수가 없습니다. 그러나 형님이 우리를 염려하지 않기를 바랍니다. 하나님이 다스리십니다.

1904년 2월 8일

사랑하는 동생, 윌리엄 베어드

「배위량 박사의 한국 선교(리처드 베어드 지음,
쿰란 출판사, 125-127 페이지 인용)」

국내 외의 힘겨운 상황 속에서도 아무 흔들림 없이 베어드 선교사 가족은 숭실학당을 고수하였고, 1904년 5월 15일에 첫 졸업생 3명을 배출하는 감격을 누렸다. 1905년에는 숭실학당에 대학부 설립이 인정되었고, 1906년 감리교와 연합하여 숭실대학으로 발전시켰다. 1908년 5월 숭실대학교로서 첫 졸업생 2명을 배출하였고, 같은 해 6월 두 번째 안식년을 맞이하여 온 가족은 다시 미국 캔자스주 토피카로 떠났다.

애니 선교사는 숭실대학장의 사모 자리를 충실히 지킴은 물론 숭의 여자 학교의 교사, 교장, 이사장으로 봉직하면서 그녀의 탁월한 능력을 발휘하였다. 부인들을 위한 여자 성경학교를 열어 가르쳤고, 다른 선교사들을 위한 한국어 학교를 시작하여 지도하였다. 그러나 무엇보다 중요하게 여긴 일은 아들들을 양육하는 것이었다.

숭실학당 초기 건물

바쁜 일과를 지혜롭게 조정하여 오후 5시부터는 아들들과의 특별한 시간으로 정하고 한 아들씩 친밀한 시간을 보냈다.

주일날 오후는 전적으로 아이들만을 위한 시간이었다. 윌리엄 선교사가 보통 평양 시내나 인근 마을의 한국인 교회에 가서 설교하고 있는 동안 애니 선교사와 아이들은 미국에서 온 편지를 같이 읽거나, 유익한 신앙 서적을 읽거나, 혹은 그것과 연관된 이야기를 나누었다. 날씨가 좋은 날에는 정원을 걸으며 연못에 핀 연꽃 등 식물의 생태에 대해 공부하기도 했고, 곤충이나 동물들을 관찰하는 등 재미있고 유익한 시간들을 보냈다. 여름철에는 집 뒤쪽에 있는 언덕 위 나무 아래에 담요를 펴고 옛날 이야기를 들려주고는 했는데, 그 이야기를 듣는 동안 아이들은 엄마의 고향을 머릿속으로 그리기도 하였다. 애니 선교사는 신실한 신앙인으로서, 현명한 교사로서, 또 사랑 많은 어머니로서 자녀들을 양육하였다.

부산에서 신혼 부부로 처음 선교 사역을 시작했던 그날부터 애니 선교사는 한국어 공부와 번역하는 일에 열정을 쏟았고, 특히 한국 찬송가의 번역과 편집에 지대한 공헌을 하였다. 어린이들을 위한 찬송가뿐만 아니라 어른들을 위한 찬송도 많이 번역하여 평양에 있을 때에는 이미 많은 교회에서 널리 사용할 정도였다. 찬송가 440장 '멀리 멀리 갔더니' 는 그녀의 대표적인 창작곡이다. 그녀는 찬송가 번역과 편집 외에도 식물학, 동물학, 일반 역사 등 학교에서 가르칠 교과서를 만들 정도로 '실력과 헌신과 언어 재능이 탁월하였던 특별한 선교사였다' 라고 그녀를 관찰한 다른 선교사는 기록하고 있다.

그러나 무엇보다 윌리엄 선교사의 아내로서 그의 동역자 역할을 신실하게 감당해냈다. 따뜻한 사교성, 반짝이는 재치, 탁월한 지성, 뿌리 깊은 영성을 두루 갖춘 그녀는 남편의 다소 고지식한 스코틀랜드 기질에 잘 어울리는 좋은 반려자였다. 윌리엄 선교사가 조용하고 사색적이었다면, 애니 선교사는 맑은 햇살처럼 쾌활한 활동가였다. 윌리엄 선교사가 쉽게 접근하기 어려운 심각한 스타일이었다면, 애니 선교사는 어느 누구나 편안하게 접근할 수 있는 친구 같은 스타일이었다. 그녀가 만나는 모든 사람들에게, 그들이 정부 요인이든 집안의 일꾼이든지 간에 사랑과 흠모의 대상이 된 것은 그녀의 아름다운 인품과 모나지 않은 성격 때문이었다.

1914년 2월에 막내 아들 리처드는 두 형 존과 윌리엄이 이미 공부하고 있던 허몬 학교Mt. Hermon School에 입학하게 되었다. 애니 선교사는 학교 부근에 조그만 집을 빌려 아들 셋과 조카 둘_{대구 선교사로 있던 동생 제임스 아담스 선교사의 두 아들}이 살 집을 차려주기 위해 막내와 조카들을 데리고 미국으로 들어가게 되었다.

애니 선교사는 1908년에 암 진단을 받고 일차 수술을 받았다. 그러나 자신의 병으로 사역에 조금이라도 차질이 생길까 두려워하였다. 애비슨 박사Dr. Avison는 오래전부터 베어드 선교사 부부와 한국에서 사역해오던 의료 선교사로 애니 선교사의 병에 대해 잘 알고 있었고 함께 기도하고 있었다. 그는 애니 선교사가 한국으로 돌아오기 전 존스 홉킨스 병원에 입원하도록 권유했고, 훌륭한 시설의 그 병원에서 방사선 치료를 받도록 주선해 주었다. 그녀는 애비슨 박사의 권유와 호의를 감사히 생각하며 치료를 받았다. 그 해 가을, 그녀는 완쾌된 기분으로 희망에 차서 한국으로 돌아왔다.

1915년 여름, 암이 재발하였다. 애니 선교사는 다시 존스 홉킨스 병원에 입원하기 위해 고된 항해를 견뎌야 했다. 그러나 두 번째 치료는 실패로 돌아갔고 이제는 어려운 결정만이 남게 되었다. 미국 땅에서 죽음을 기다릴 것인가, 아니면 선교지로 돌아가서 그곳에서 주님의 부르심을 기다릴 것인가 하는 것이었다. 그것은 그녀에게 아주 쉬운 결정이었다. 그녀는 당연히 한국으로 돌아가야 한다고 결정했다. 남편이 자신의 죽음 때문에 하나님이 부르신 선교지를 잠시라도 떠나게 한다는 것은 있을 수 없는 일이라고 여겼다. 애니 선교사는 암이 퍼진 몸을 달래며 다시 한 번 긴 항해의 고통을 통과해야 했다. 그녀는 1916년 6월 9일 평양에서 드디어 영원한 나라로 부르심을 받았다.

자기 선조가 묻힌 곳, 자기 고향 땅에 묻히고 싶은 것이 한국인의 뿌리 깊은 정서다. 그러므로 선조들과 자신이 태어난 땅을 떠나 한국으로 되돌아와 묻히기를 선택한 애니 선교사의 모습은 한국 신자들의 마음에 놀라운 감동을 주었고, 믿음으로 말미암아 그리스도의 피로 하나가 된다는 기독교 교리를 깊이 체험하는 은혜의 시간이 되었다. 애니 선교사의 장례식은 폭발적인 사랑의 행렬로 발 디딜 틈이 없었다. 평양뿐만 아니라 시골 벽촌에서도 많은 조객들이 몰려들어 장례식을 야외에서 치를 수밖에 없었다. 베어드 선교사 부부의 선교관 마당에서 장례식을 거행하였고, 숭실대학 학생들이 번갈아 관을 메고 묘지까지 이동하였다. 그리고 평양 외국인 묘지, 첫딸과 막내 아들이 묻혀 있는 바로 옆에 안장되었다.

그후 윌리엄 선교사는 자기 생애에서 가장 고통스러운 일 년을 보내면서 애니 선교사의 빈 자리를 뼈저리게 느끼게 되었다. 그는 숭실대학장을 사임한 뒤 세 번째 안식년을 맞아 미국으로 돌아갔다. 미국에서 일 년을 지내고 1918년 9월, 두번째 아내 로즈 메이 페트롤프Rose May Fetterolf와 함께 평양으로 돌아와 1931년 11월 28일, 하나님이 부르시는 날까지 몸과 마음을 다해 헌신하였다. 이것은 한국에 바친 그의 사역 40년을 기념하는 감동적인 축하연을 마친 두 달 후였다. 윌리엄 선교사도 평양에 안장되었다.

현재 양화진에는 베어드 가족 기념비가 가족들에 의해 세워져 있다. '부산과 대구를 개척한 선교사, 우리를 사랑하시는 이로 말미암아 넉넉히 이긴 자'라는 비문이 그들의 삶을 조명해주고 있다.

옮긴이의 부친(유기선 장로)은 그의 어린 시절 윌리엄 선교사가 자기네 사랑방에서 조부님과 함께 여러 번 식사하시던 모습과 '배위량 선교사'로 불리웠음을 기억한다.

양화진에 세워진 베어드 선교사 부부 기념비

저자 서문

이 책의 이야기는 우리가 한국에서 직접 보고 느낀 사실들을 편집하고 재정리하여 이야기로 엮은 것이다.

그리스도를 모르는 삶이 얼마나 비참한지는 로마서 첫 장만 보아도 알 수 있다. 그러나 우리 내외를 비롯한 다른 모든 선교사들은 이 나라 사람들과 마음에서 우러나오는 진정한 만남을 통해 그들 가운데 거룩한 창조주께서 끊임없이 부어주시는 증거들을 발견했다. 또한 그들이 고귀한 이상과 자기를 버리는 희생 정신을 풍성하게 소유하고 있음을 보았다. 그들은 서로 사랑하고, 악을 미워하며, 기뻐하고, 고난을 견디는 힘을 풍성하게 선물로 받았다. 그들에게는 시적인 감수성과 뜨거운 열정이 있다. 어디를 가든지 수많은 고귀한 사람들이 믿기 어려울 정도로 심각하게 황폐하고 유리된 삶을 살고 있었지만, 변화시키는 복음의 능력은 그들을 하나님의 형상을 닮은 인격으로 회복시킬 수 있었다.

'하나님은 온 인류를 한 가족으로 만드셨다' 는 말씀처럼 당신도 이 책에 나오는 사람들과 같이 희망과 공포가 얽힌 세상에서 살고 있지만, 영혼의 양식 되시는 그리스도의 말씀에 순종할 수만 있다면 나의 목적은 이미 이루어졌다고 믿는다.

평양에서

애니 베어드

1. 팔려 가는 어린 신부

김 노인은 햇볕이 많이 드는 넓은 처마 밑에 앉아 가족들이 가을에 신을 짚신을 삼고 있었다. 한여름이었지만 연로한데다 저혈압이었기 때문에 그는 그 뜨거운 햇볕이 좋기만 했다. 그의 옹골지고 마디가 굵은 손은 오랜 세월에 걸쳐 숙련된 솜씨로 안팎으로 짚을 꼬며 재빠르게 신을 삼았다.

　노인은 맞은편 언덕 너머를 물끄러미 응시하였다. 그 언덕은 꼭대기까지 온통 초록색 무덤으로 덮여 있었다. 오래된 듯 납작하게 흔적마저 없어진 묘가 있는가 하면, 새로 만들어진 탓인지 풀 한 포기 없이 삽 자국이 역력한 것들도 있었다. 노인은 여전히 시선을 언덕에 둔 채 열심히 손을 놀리며 낮은 소리로 무언가를 흥얼거렸다.

　　울뚝불뚝 저 언덕 고개
　　나 죽으면 저곳으로 가리.

　어디가 끝이고 어디가 시작인지 모르게 그는 자꾸 같은 구절을 되뇌었다.

　보배는 살그머니 다가가 할아버지 옆의 멍석에 앉았다. 그러자 등에 업었던 물항아리만큼이나 무거운 아기가 싫다고 발버둥치는 바람에 할 수 없이 다시 일어났다. 아기를 고쳐 업는 보배는 오늘따라 더욱 피곤함을 느꼈다. 까무잡잡한 피부에 두 뺨은 발그레하고 까만 머리를 총총 땋아내린 보배는 올해 열두 살이 되었다. 깨끗하게 잘 차려입으면 아주 예쁜 얼굴이지만 보배는 늘 지저분한 모습이었다. 그럴 수밖에 없는 것이 보배 어머니와 보배는 집안 남자들의 옷을 세탁하고 다림질하는 일에 모든 정성을 다 바쳤기 때문에 자신들의 몸을 돌볼 틈이 없었다. 어젯밤만 해도 다듬잇돌을 가운데 두고 마주앉아 방망이로 다듬이질을 하느라 자정이 한참 지난 시간까지 잠자리에 들 수가 없었다. 아버지가 갓 다린 빳빳한 옷을 입고 시장에 갈 수 있도록 하기 위해서였다. 구김살 한 점 없이 잘 손질된 옷을 입은 아버지가 흙바닥을 쓸며 양반 걸음으로 마을을 활보하는 모습은 너무나 자랑스러웠다. 하지만 지금은 머리가 지끈지끈 쑤셔오고 등에 업은 아기는 유난스레 무겁게 느껴졌다.

"할아버지, 이야기 하나 해주세요."

"이야기? 글쎄 어떤 이야기가 듣고 싶으냐?"

"아무거나요. 할아버지가 맨날 노래 부르시는 것만 빼고요."

아기를 업은 아낙네

"내 노래 말고? 글쎄다. 우리 보배가 인생의 대사인 죽는 이야기가 싫다면 할아버지가 다른 이야기를 해줘야겠구나. 지렁이와 지네 혼사 이야기를 내가 했던가?

옛날 옛날에 말이다. 잘생긴 지렁이 총각이 있었는데 몸이 어찌나 긴지 옷을 해 입으려면 너무 돈이 많이 들어서 그냥 벗고 다녔단다. 머리 위로 여덟 번의 초록 봄이 두 차례 지나간 어느 날, 지렁이 총각이 주변을 둘러보니 자기를 뺀 모든 친구들이 쌍쌍이 짝을 지어다니는 것이 아니겠니? 그래서 그 총각은 이웃 동네에 사는 지네 아가씨에게 청혼을 하기로 마음먹었단다. 지네 아가씨로 말하자면 어느 누구보다도 다리가 많은 어여쁜 아가씨였거든. 그래서 모두들 이 처녀 총각이 혼사를 맺으면 천생연분이겠구나 하고 생각했지. 모든 일이 척척 진행되었고, 지렁이 총각은 장가갈 날만을 기다리고 있었단다. 그런데 하루는 지네 아가씨한테서 편지가 왔어. 그 편지에는 '곰곰이 생각해보았는데 당신의 긴 몸에 옷을 입히는 데 내 청춘을 바칠 생각이 없으니 파혼하고 싶습니다' 라고 써 있었단다. 지렁이 총각은 잠시 큰 상처를 입고 실의에 빠졌지만 곧 이렇게 답장을 썼지. '생각해보니 나도 당신의 발마다 신발을 해 신기려면 당신이

내 옷을 만드는 시간보다 더 들 것 같소. 이 혼사를 깨주어 기쁘게 생각하오.' 그래서 그 혼사는 끝장이 나버렸단다. 지네 아가씨의 실수는 자신은 돌아보지 않고 다른 사람의 결점만 생각하고, 자기가 해야 할 도리를 피하려고 꾀를 부린 데 있었단다. 그래서 그후로 지네는 평생을 맨발로 다녀야 했고 사람들의 조롱거리가 됐단다."

노인이 기대했던 것처럼 보배는 웃지 않았다. 오히려 "난 시집 장가가는 이야기는 싫어요"라고 말하며 불만 가득한 표정을 지었다.

"싫어?"

노인은 보배의 우울한 얼굴을 살펴보며 말했다.

"보배야, 이 세상에는 세 가지 중요한 일이 있는데 첫째는 태어나는 것이고, 다음엔 시집 장가가는 것이고, 마지막은 이 세상을 떠나는 거야. 이 세 가지 일은 아무도 피할 수 없단다. 네가 좋건 싫건 다 닥쳐오는 일이야."

"하지만 할아버지 꼭 그래야 돼요? 왜 제가 그래야 해요?"

보배는 갑자기 감정이 북받쳐올라 소리쳤다. 할아버지 옆으로 바짝 다가선 보배의 작은 몸은 숨소리도 크게 내지 못하며 떨고 있었다. "저 이대로 집에 있으면서 늘

하던 대로 집안일 도우면 안 돼요? 할아버지도 제가 얼마나 부지런한지 아시잖아요. 제가 떠나면 할아버지 담뱃대는 누가 가져다 불붙여드리고, 누가 햇볕 드는 곳에 멍석을 펴드리겠어요?"

노인은 하던 일을 멈추고 손녀를 쳐다보았다. "보배야, 너 시집을 안 가면 어떤 사람이 되겠니? 병신이나 석녀보다 더 못난 사람이 되는 거야."

"그래도 지금은 싫어요, 할아버지. 이 다음에요. 제가 더 나이가 들면요." 보배는 애처롭게 사정했다.

"더 나이가 들면? 넌 벌써 열두 살이 다 되었잖니? 얼마 지나지 않아 혼인을 하게 될 게다. 애비가 당장 돈이 급해서 네 몸값을 이미 받은 건 너도 알고 있지? 조만간 혼사를 할 수밖에 없을 게야."

일감을 다시 손에 집어든 노인의 눈길은 또다시 건너편 언덕을 하염없이 헤매기 시작했다. 그는 몸을 앞뒤로 흔들면서 흥얼거렸다.

가야 하네 가야 하네
너도 가고 나도 가야 하네.

그날 밤, 보배는 대청마루에 겨우 아기를 재우고는 숯다리미를 빌리기 위해 마을로 발걸음을 옮겼다. 보배의 발걸음은 마음만큼이나 무거웠다. 마을 어귀에는 문과 창을 창호지로 바르고 흙으로 담을 쌓은 작은 초가집들이 어깨를 잇대어 있었다. 그 집들은 너무 다닥다닥 붙어 있었기 때문에 바깥보다 집 안이 더 무더웠다. 그래서 마을 아이들은 골목에서 북적거렸다. 아이들은 달빛 속에서 껑충껑충 뛰고 춤도 추면서 동요 한 곡을 부르고 또 불렀다.

서산으로 해가 지면
달님 숨었다가 동산으로 떠올라요.

보배는 집 앞에 깔아놓은 멍석에서 남자들이 노름하는 것을 지나쳐 계속 걸었다. 그런데 갑자기 어느 집에선가 여자의 애원하는 소리가 나더니 이내 몽둥이 휘두르는 소리와 비명소리가 들렸다. 그리고는 방문이 활짝 열리더니 한 여자가 뛰쳐나왔다. 옷은 찢어져 있고 검은 머리채는 심하게 흐트러진 채 무릎까지 내려와 있었다. 그녀의 등 뒤로 공기를 가르며 커다란 몽둥이가 세차게

1. 팔려 가는 어린 신부 **53**

날아왔다. '윤씨 아저씨가 또 술을 드셨구나.' 보배는 생각했다.

보배는 불이 켜진 어느 집 문간에 자기 또래의 작은 소녀가 서 있는 것을 보았다. 명도였다. 가난한 생활에 쪼들리던 명도의 부모님은 딸의 머리를 곱게 빗기고 기름과 향으로 조심스럽게 치장한 다음, 비단옷으로 단장시켜 높은 벼슬아치들의 수청 기생으로 보냈었다.

그런 명도가 다시 집으로 돌아온 것이다. 보배는 명도가 마치 급하게 달려오기라도 한 것처럼 숨을 헐떡이는 것을 보았다. 더덕더덕 분칠한 명도의 얼굴은 나이보다 훨씬 더 들어 보였고, 아물거리는 불빛에 비치는 수척한 얼굴은 너무나 가여웠다. 명도의 애원하는 소리가 들렸다. "어머니, 제발 집에 있게 해주세요. 정말 열심히 일할게요. 제가 있는 그곳은 너무 무서워요. 무서워 죽겠어요!" 보배는 아무 대답 소리도 듣지 못했다. 대신 곧 밀쳐내는 소리, 작은 흐느낌 그리고 문이 탁 닫히는 소리가 들렸다. 뒤돌아보니 명도가 길가 흙더미 위에 쓰러져 있었다.

조금 더 걸어가자 끔찍한 악취가 코를 찔러 보배는 걸음을 재촉했다. 마을 사람들이 그 냄새를 언제까지 더 견딜 수 있을까? 골목 오른쪽의 그 집에는 한 달 넘게 죽은 사람의 시체가 방치돼 있었다. 그 남자는 살인죄를 지어 관청의 명령에 따라 몽둥이에 맞아 죽었지만 매장 허가가 나오지 않았다. 사람들은 그 이유를 잘 알고 있었다. 매장 허가를 받기 위해서는 거액의 뇌물을 바쳐야 했다. 하지만 마을 사람들은 모두 찢어지게 가난했기 때문에 아무 대책도 없이 시체는 하루하루 삼복 더위에 썩어가고 있었던 것이다.

심부름을 마친 보배는 집으로 돌아오는 길에 황씨 형제와 마주쳤다. 그들은 둘 다 귀신이 들렸는데, 줄을 만들어 목에 건 바구니를 각자 가슴에 안고 있었다. 그 안에는 쇳조각, 돌멩이, 헌 짚신짝, 더러운 헝겊 조각 등 온갖 괴상한 물건들로 가득 차 있었다. 그들은 바구니의 무게 탓인지 허리를 반쯤 구부린 채 엉기적 걸어가면서 귀신들과 중얼중얼 이야기를 했다.

보배는 더욱 서둘러 걸었다. 하늘 높이 달빛이 흐르고 있었다. 아이들의 천진난만한 노랫소리와 높이 뜬 달 사이의 적막한 공간은 죄와 고통, 슬픔과 악한 것들로만 가득한 것처럼 보였다.

가야 하네 가야 하네

너도 가고 나도 가야 하네.

할아버지의 흥얼거림이 멀리서 귓가에 들려오자 보배는 앞으로 닥쳐올 어려운 일들을 굳세게 헤쳐나가리라 마음먹으며 입술을 지그시 깨물었다.

하지만 막상 대문 앞에 서자 갑자기 기운이 빠지며 심한 현기증을 느꼈다. 대문 앞에는 막 도착한 듯한 짐꾼 한 사람이 커다란 짐짝을 등에 지고 서 있었다. 그리고 어머니가 짐짝을 열고 반짝거리는 비단, 수놓은 양단, 화려한 빛깔의 모시, 우아하고 옅은 색의 옷감 그리고 무지갯빛으로 진하게 염색한 색동 천 꾸러미를 차례로 꺼내고 있었다. 평상복으로 만들 무명 옷감 꾸러미와 머리와 가슴에 꽂을 옥비녀와 은 장신구들까지… 너무나 아름다웠다.

하지만 대문 뒤에서 숨어 보던 보배는 금방이라도 넘어질 것같아 문설주에 몸을 기댔다. 결국 올 것이 오고야 말았던 것이다. 집안이 여유로운 편인 신랑집에서 예단이 온 것이었다. 신부와 신부의 어머니는 그것을 가지고 그들이 한 번도 본 적이 없는 어린 남편을 위해 옷을 지어야 했다. '이제 곧 혼례식을 치르게 되겠지. 낯선 사람들 속에 끼어 떠나가 다시는 부모 형제 얼굴도 못 보게 되겠지. 날이면 날마다 종 노릇만 하며 고통스럽게 살아야 하겠지.'

짐꾼이 가버리고 한참이 지난 후에도 보배는 여전히 문설주에 기댄 채 몸을 웅크리고 앉아 앞으로 자신에게 닥칠 미래와 그것을 어떻게 감당할 수 있을까를 곰곰이 생각했다.

어머니가 몇 번이나 문 쪽으로 나와 어둠 속을 걱정스럽게 살피고서야 보배는 천천히 일어나 대문 안으로 들어섰다.

"왜 이렇게 늦었니?"

어머니가 꾸짖듯이 물었다. 보배는 대답대신 마루에 털썩 주저앉으며 고개를 돌렸다.

"어머니, 몸이 아픈 것 같아요. 머리가 아프고 어지러워요."

"저녁을 시원찮게 먹은 게로구나."

어머니의 목소리가 누그러졌다.

"하지만 기분 좋은 일이 있단다. 이 예쁜 예단들 좀 보렴. 하기야 우리 보배 같은 딸을 며느리로 데려가는

북청 그 어디인가

데 비하면 그리 좋은 것도 아니지. 때맞추어 오긴 왔구나. 제시간에 준비를 맞추려면 열심히 서둘러야겠다."

보배는 답답해지는 가슴을 진정시키고 간신히 숨을 돌려 물었다.

"어머니 그날이 언제지요?"

"오늘부터 여섯 주일 되는 날이 길일이라고 이 봉사가 그러더라. 그날 놓치면 석 달 동안은 길일이 없다는구나. 그래서 그날로 꼭 잡아야겠다."

옷감을 치우느라 분주히 왔다 갔다 하는 어머니를 보면서도 보배는 대청마루에 앉은 채 미동도 하지 않았다. 곧 아버지와 오빠들이 들어와 담배를 피워 물었다. 아무도 말이 없었다. 오래지 않아 그들은 잠을 청하기 위해 누웠고, 사방이 조용해졌다.

한참을 뒤척거린 뒤에야 잠이 든 보배는 어머니가 부엌 아궁이에서 재를 긁어 모으는 소리에 눈을 떴다. 다른 날같았으면 발딱 일어나 부엌일을 도맡아 할 보배였지만, 오늘은 달랐다. 이튿날도 그 다음 날도 벽으로 고개를 돌린 채 꼼짝도 않고 누워만 있었다. 거의 먹지도 않았고, 누가 뭐라고 하면 "제발 저 좀 내버려두세요. 머리가 아프고 어지러워요"라고 대답할 뿐이었다. 어머니와 아버지는 서로 '꾀병'이라고 눈짓을 했다.

　며칠 동안 모른 척하고 가만 내버려두더니 나흘 째 되는 날 어머니가 보배의 손을 잡아 일으켰다.

　"보배야, 일어나라. 그래봐야 무슨 소용이 있니? 결혼식 전에 준비를 해놓아야 해. 엄마 혼자서는 그 많은 일을 다 할 수가 없단다. 어서 일어나거라. 힘든 일인 줄 엄마도 알아. 하지만 그게 세상살이란다. 네 위로 오빠 둘을 낳고 네가 태어났을 때 엄마가 얼마나 기뻤는지 아니? 그래서 네 이름을 보배라고 지었단다. 넌 항상 엄마의 보배였어. 하지만 세월이 하룻밤 봄날의 꿈처럼 허망하게 흐르고 너를 떠나보내야 할 시간이 이렇게 오고야 말았구나. 이제 준비를 해야 해, 보배야. 사는 건 힘들단다. 너무나 힘든 거야. 하지만 어쩌겠니? 버텨내야지. 다음 세상에서는 네가 남자로 태어날지 누가 알겠니? 자, 그럼 이제 시작해보자꾸나. 뭐부터 시작할까? 새신랑이 입을 바지부터 만들까? 엄마가 마름질을 해줄 테니 넌 정성을 다해서 촘촘히 바느질을 하렴. 신랑집에서 딸 잘 못 키웠다는 소리는 듣고 싶지 않단다."

　보배는 중요한 교훈을 배웠다. 피해갈 수 없는 운명이라면 아예 단념하고 감수해야 한다는 것을. 어머니,

할머니, 증조, 고조 할머니 때부터 내려온 이 풍습, 슬픔과 고통을 겪으며 인내해야 하는 여자의 길을 보배도 조용히 받아들일 수밖에 없었다.

매일 밤늦게까지 앉아 바느질하는 보배의 손가락은 자신의 가슴처럼 무디어져 아픔조차 느낄 수 없었다. 한 벌 두 벌씩 새 옷들이 차곡차곡 쌓이자 잔칫날도 다가왔다. 잔치를 앞둔 며칠 전부터는 음식 준비로 눈코 뜰 새가 없었다. 큰 덩어리로 된 찹쌀 가루를 커다란 절구에 넣고 찧어 찰지게 만든 찹쌀떡이 수북이 쌓이고, 꿀과 밀가루, 기름, 깨소금으로 만든 기름진 약과 더미, 개고기를 넣고 빨간 고춧가루 양념으로 버무린 메밀 국수, 소금으로 간한 물에 무를 얇게 썰어 만든 물김치가 그릇그릇 담겼다. 쌀가루를 눌러 쪄서 곱게 물들인 떡 접시들, 통째로 삶은 닭과 돼지 고기 수육도 만들어졌다.

혼례식날이 되었다. 보배는 방 한가운데에 마치 부처상처럼 앉아 있었다. 양쪽 뺨에 빨간 곤지를 찍고, 머리는 은과 놋과 옥 장식물이 가득히 꽂힌 무거운 가발을 쓰고, 그 위에는 홍색, 금색 종이로 만든 족두리를 썼다. 겨드랑이 조금 아래까지 내려오는 짧은 저고리는 연두색 비단이었고, 치마는 푸른색 위에 붉은 갑사로 만들어졌다. 저고리 앞섶에는 금, 은 장신구가 매달려 있는데, 그 중에서도 호랑이 발톱 장식이 눈에 띄었다.

사람들이 들어오고 나가면서 서로 밀려 보배에게 몸을 부딪히고, 신부에 대해 칭찬하거나 흠을 잡는 소리로 온통 와자지껄하게 떠들어대는 와중에도 보배는 꼼짝도 하지 않은 채, 보지도 듣지도 못하는 사람처럼 눈을 내리뜨고 앉아 있었다. 가끔씩 옆에 있던 친구들이 거대한 머리 장식을 살짝 들어올려주면 잠시 숨을 내쉴 뿐이었다.

집 밖으로는 커다란 명석이 깔리고 차양막으로 그늘을 만든 가운데 잔치판이 벌어졌고, 친척들과 친구들, 온 동네 사람들이 몰려와 잔치 음식을 즐겼다. 보배의 아버지는 점잖을 차리면서 의젓하게 주인 노릇을 하고 있었지만, 보배의 어머니는 부엌에서 한시도 나오지 못한 채 바쁘게 움직였다. 딸 시집 보내는 날인데도 일할 때 입는 헌 옷에 머리는 며칠째 제대로 빗지도 못해 헝클어져 있었다.

잔치가 흥건하게 무르익어갈 무렵, 드디어 신랑이 몇 명의 친구들과 친척들을 대동하고 도착했다. 열 살이 될까 말까 한 소년은 사모관대 차림에다 목숨 수, 복 복의 한자가 붙어 있는 녹색, 보라색으로 수놓은 비단 두루마기를 입고 있었다. 그는 매우 뚱한 얼굴로 무언가 마땅치 않은 표정이었다. 신부를 한 번 흘낏 쳐다본 것 말고는 눈길을 주지 않았다.

사방에서 끌어당기고 밀고 재촉을 한 후에야 두 사람은 겨우 혼례상 앞으로 갔다. 두 사람은 멍석 위에 나무로 만든 기러기 상과 두 가정의 족보를 얹은 낮은 상을 사이에 두고 마주섰다. 그런 다음 서로를 향해 그리고 족보와 하늘을 향해 여러 번 무릎을 꿇고 절을 올렸다. 보배는 아무것도 느끼지 못하는 사람처럼 그 모든 절차를 따랐다. 할아버지가 보배 근처에 자리를 정하고 앉았고, 보배는 예식 중간중간 할아버지가 혼자 중얼거리시는 노래를 들었다. 아니 들었다고 생각했다.

가야 하네 가야 하네
너도 가고 나도 가야 하네.

하염없이 길게만 느껴지던 시간이 흐르고 혼인 예식이 끝났다. 푸짐했던 잔칫상도 몇 군데 먹다 남은 음식들만 남긴 채 볼품 없이 비워졌다. 신랑을 태우고 온 비쩍 마른 조랑말이 안장을 하고 재갈이 물린 채 탈 사람을 기다리고 있었고, 어린 신부를 태워 갈 가마꾼들은 떠나자고 큰 소리로 재촉하고 있었다. 보배는 급하게 가마로 태워졌고, 가마 안에는 신부집에서 마련한 혼수품이 운신하기도 힘들 정도로 보배 주위를 빼곡히 둘러쌌다. 보배는 부엌에 있는 어머니의 굽은 어깨를 흘금 보았다. 그때 가마가 들어올려지더니 보배의 남편이 된 낯선 소년의 뒤를 따라 흔들리며 이동하기 시작했다.

잠시 목에 물이나 축일 정도밖에 쉬지 않았는데도 꼬박 이틀이나 걸려 조왕리에 있는 신랑집에 도착했다. 보배는 낯설기 짝이 없는 시댁 식구들을 대면하였다. 여기서도 또다시 성대한 잔치판이 벌어졌고, 보배는 또 한 번 고역을 치르며 부처같이 앉아 있었다. 밤이 깊어서야 하객들이 돌아갔다. 어린 신랑은 예복을 입은 채 방 한쪽에서 이미 깊은 잠에 빠져 있었다.

"너도 어서 벗고 자거라." 시어머니가 말했다. "내일부터 네가 해야 할 일이 태산같다. 일찍 일어나거라."

보배의 결혼 생활은 이렇게 시작되었다. 따뜻한 자비심이라곤 찾아볼 수 없는 험난한 세상의 바다에 갸날픈 나무 껍질 하나가 정처 없이 떠내려가고 있었다.

2. 여자라는 이름의 굴레

물을 나르는 사람

하루가 가고 달이 가고 해가 바뀌어 몇 해가 흘렀다. 바쁘게 지내는 것이 여자의 행복이라면 보배는 아무런 부족함도 느끼지 못했을 것이다.

　이른 새벽부터 늦은 밤까지 보배는 한 순간도 쉴 틈이 없었다. 집에서 쓰는 물은 단 한 방울이라도 한참이나 떨어진 강가에서 보배가 직접 머리에 이고 날라야만 했다. 새벽 두 시가 넘은 시간, 보배는 쏟아지는 졸음을 쫓으며 커다란 디딜방아를 디뎌야 하는 날이 많았다. 남편이나 시아버지가 외출할 때 구김살 한 점 없는 빳빳하고 깨끗한 흰옷을 입을 수 있도록 자정이 넘어서까지 다듬이질을 해야 했다. 온 가족의 빨랫감을 넓적한 돌 위에 펼쳐놓고 방망이로 두들기고 헹구고 짜며 빨래를 하다보면 어느덧 밤이 깊어 처량한 달빛만이 보배를 비추어주었다.

　여름철에는 그래도 참을 수 있었지만, 방망이로 얼음을 깨고 손이 터질 듯한 차가운 물에 빨래를 헹궈야 하는 겨울철에는 너무나 고통스러웠다. 두터운 얼음 둔덕이 아름다운 장밋빛 보라색으로 물들기 시작하고, 소복이 쌓인 눈동산이 포근한 솜이불처럼 따스하게 손짓해 부르는 듯한 착각이 들 때 보배는 머리를 힘껏 흔들

2. 여자라는 이름의 굴레　**67**

며 정신을 차리고 얼어 죽지 않으려고 걸음을 재촉하며 집으로 돌아온 적도 있었다.

따뜻한 봄날이 오면 보배는 서둘러 집안일을 마치고 들로 나갔다. 씨를 뿌리고 모종을 하고 잡초를 뽑고 괭이질을 했다. 가을 추수철에 타작하여 쌀을 저장하는 일을 돕고 나면 곧 김장철이 다가왔다. 무 껍질을 벗겨 썰어 만든 동치미를 자기보다 더 커다란 독에 담아야 했다. 겨울이면 꼬박 베틀에 앉아 실타래를 지어 무명필을 만들다보면 발이 부르트고 허리가 끊어지게 아파왔다. 따뜻한 보살핌 속에 마음껏 자유롭고 즐거워야 할 소녀 시절을 보배는 일 년 열두 달 쉴 새 없는 일과 겨우 몸에 걸칠 옷과 밥 두 끼 그리고 잠자리와 바꾼 셈이었다.

시부모는 악독한 사람들은 아니었으나 냉정하고 무관심했다. 보배는 남편에 대해 조금의 애정도 없었고, 그도 아내에게 눈길조차 주지 않았다. 그는 다림질이 제대로 되어 있지 않거나, 음식이 입맛에 맞게 준비되어 있지 않을 때 불평을 하는 것 외에는 아무런 관심을 보이지 않았다. 마을 젊은이들 가운데 제법 똑똑한 축에 드는 남편은 매일 아침 마을 끝자락에 있는 서당에 다녔다. 보배는 강으로 물을 길러 가는 길에 꼭 그곳을 거쳐

갔고, 책상다리를 하고 앉아 있는 나이 많은 훈장을 흘끗 보기도 했다. 흰 수염을 길게 늘어뜨리고 큼지막한 돋보기를 쓴 그의 모습은 퍽 위엄 있어 보였다. 그의 등 뒤로는 회초리가 쭉 걸려 있었고, 앞에는 소년들이 앉아 몸을 앞뒤로 흔들며 '하늘 천, 따 지'를 목청 높여 읽었다. 그 가운데 보배의 남편도 있었다. 가끔 남편과 길에서 마주치기도 했는데 그때마다 서로 모른 척하고 지나쳤다. 사실 보배는 남편의 이름조차 알지 못했다.

보배가 열다섯 살쯤 되었을 때 자기도 글을 배우고 싶은 생각이 들었다. 오랜 시간 속으로 앓다가 하루는 시부모가 외출한 틈을 타서 남편에게 용기를 내어 물었다. 남편은 책을 펴놓고 방에 앉아 손바닥에다 손가락으로 한자를 연습하고 있는 중이었다. 이리저리 휘저어 마지막 획까지 긋고 나서야 어처구니없다는 듯이 비웃었다.

"글을 배우고 싶다고?"

그는 조소하며 말했다.

"강물이 거꾸로 흐르면 가르쳐주지."

"한문 얘기가 아니에요. 어떻게 그 어려운 걸 감히 배우겠어요. 하지만 한글은 그래도…."

2. 여자라는 이름의 굴레 **69**

남편이 아예 쳐다보지도 않은 채 글쓰기 공부에 다시 열중하자 보배의 얼굴은 붉어졌다. 그리고는 시커멓게 그을리고 거미줄이 쳐진 서까래에 흙바닥으로 된 부엌으로 말없이 돌아갔다.

열여덟 살이 되었을 때 보배는 첫아이를 낳았다. 지난 열 달 동안 시부모는 초조하게 손자를 기다려왔었다. 그 동안 그 집안은 손녀만 보았기 때문에 대를 이을 사내아이가 이번에 나오지 않으면 죽어서도 영혼이 쉬지 못할 것이며, 집안은 천벌을 받을 것이라고 근심에 싸여 있었다. 그러나 어느 누구보다도 아들을 낳기를 간절히 원한 사람은 바로 보배 자신이었다. 자신의 삶이 좀 편해질 수 있는 것은 오직 사내아기를 낳는 것에 달려 있었다.

진통이 시작되자 남편은 긴 담뱃대를 입에 물고 말끔히 차려입고는 이웃집 사랑으로 가버렸다. 그것은 사내 대장부란 모름지기 처자식 때문에 어떤 일에도 구애받지 않아야 한다는 공자의 가르침을 따르는 행동이었다. 저녁 늦게서야 집으로 돌아온 남편을 시어머니가 낙심한 얼굴로 맞았다.

"말짱 헛수고야!"

그는 믿을 수 없다는 듯이 어머니를 한참 뚫어지게 쳐다보더니 행패를 부리기 시작했다. 입에 물었던 담뱃대를 두 동강 내어 땅에 내던지더니 그것도 성에 안 차 발뒤꿈치로 마구 밟아댔다. 그리고는 홱 돌아서서 어둠 속으로 사라졌다가 일주일이 훨씬 지난 뒤에야 집으로 돌아왔다.

어느 누구도 반기지 않는 조그만 생명이었지만 그 아기를 통해 보배는 처음으로 삶에 대한 뜨거운 애착을 느꼈다. 보배가 아기를 품에 안아 젖을 먹일 때면 한 번도 느껴보지 못했던 포근함과 행복감으로 충만해졌다. 고사리 같은 손가락이 꼼지락거리고, 긴 속눈썹이 뺨을 간지럽히며, 여름 밤 미풍처럼 새근거리는 아기의 숨소리를 들을 때면 보배는 이 세상에서 제일 귀한 보물을 안고 있는 것만 같았다. 보배는 아기에게 느끼는 어머니로서의 사랑을 감출 수가 없었다. 보배는 사랑으로 담대해졌다.

아기를 낳은 지 며칠도 안 되어 보배는 자리에서 일어났다. 할 일이 태산같이 밀려 더 이상 몸조리를 할 수가 없었다. 남편이 집에 들어오던 날 밤 보배는 얼른 아기를 보이며 물었다.

"얼마나 예쁜가 보세요. 이름을 뭐라고 지을까요?"

"마음대로, 부르고 싶은 대로 해. 섭섭이라고 하든지 미운이라고 하든지, 귀찮게 굴지 마!"

남편은 외면하며 퉁명스레 내뱉었다.

보배는 아기를 품에 꼭 안으며 '귀희'라 부르기로 마음먹었다. 아버지 몫의 사랑까지 다하리라 다짐하면서.

아기가 여섯 달쯤 되었을 무렵, 온 세상이 새하얗게 눈으로 덮인 어느 날 밤, 남편은 옆구리가 결린다면서 절뚝거리며 집으로 돌아왔다. 통증 때문에 바로 눕지도 못하고 앉은 채로 꼬박 밤을 새웠다. 다음 날 오후쯤에야 좀 나은 것같다고 말하며 일어서던 순간 갑자기 뒤로 넘어져 한두 번 헐떡거리다 숨을 거두고 말았다.

그것은 보배에게 재앙이었다. 알뜰히 보살펴주던 남편은 아니었지만 그가 살아 있었을 때는 그래도 살 거처는 보장되었었다. 그러나 지금은 사정이 달라졌다. 시집 식구들의 노골적인 눈총을 견딜 수가 없었다. 더욱이 시숙 식구들이 시댁으로 들어오는 날에는 보배와 어린 딸이 기거할 방조차도 없어질 판이었다.

"아직 예뻐."

"제법 큰돈이지."

시집 식구들이 수군거리는 소리를 듣자 보배는 가슴이 철렁했다. 누구든지 돈만 많이 준다면 팔아버릴 속셈이었기 때문이다. 가마솥에 밥을 지으면서도, 윤기나게 주발을 닦으면서도 보배는 줄곧 그 생각에 골몰했다. 살아나갈 방도가 없었다. 친정이 있지만 돌아가신 어머니 대신 계모가 들어왔고, 할아버지는 망령이 나신 지 오래되어 아무 도움도 얻지 못할 것이 분명했다. 오빠들도 둘 다 결혼하여 한집 살림을 하고 있는 형편이라 그 식구만 해도 집이 좁아 터질 지경이었다. 그리고 친정에서 받아준다고 해도 연락할 길조차 막막하였다.

그 즈음 동네에 이상한 소문이 돌았다. 이번에는 자신의 걱정은 둘째치고 아기 때문에 보배는 무서운 공포에 사로잡혔다. 어느 날 아침 옆집 아낙이 문간에서 소근거렸다.

"손님이 왔어!"

손님이라고? 토하고 열나며 허리 머리가 깨질 것같이 아프고 얼굴과 온 몸을 부스럼으로 덮개를 만드는 손님! 아기가 있는 집마다 찾아다니며 옹알거리는 재롱 소리, 아장아장 걸음마 소리 대신 죽음의 고요만을 남기고 가는 무서운 천연두가 찾아온 것이었다.

두 여인은 서로 아무 말없이 쳐다보았다. 이웃 아낙은 보배보다 나이가 많았다. 아이가 다섯이지만 그 아낙은 위로 셋만 자기 아이라고 생각하고 있었다. 밑으로 어린 두 아이는 아직 손님을 치르지 않았기 때문이었다.

"가만히 기다려보자구. 이번 손님은 쉽게 갈지 누가 알아? 정 안 되면 부적을 쓸 수밖에 없지."

이웃 아낙은 생각 끝에 이렇게 말했다. 이틀이 지난 후, 아낙은 보배를 찾아와 문간으로 부르더니 귀에 대고 속삭였다.

"왕씨 아이들 둘이 죽고 한씨네 아이도 죽었대."

"어쩌나, 어떻게 하면 좋아요!"

"쉬잇, 손님이 듣겠어. 우리 속임수를 써보자구. 오늘 밤 자정에 우리 아이들을 개구멍으로 들여보낼 테니 자네가 내일 아침까지 데리고 있어줘. 손님이 밤에 왔다가 아이들이 없으면 그냥 갈 거 아냐? 내일 밤엔 자네 아기를 내게 넘겨주고."

속임수를 써보았지만 허사였다. 사흘쯤 지났을까. 양쪽 집 아이들은 고열과 아픔으로 신음 소리를 내기 시작했다. 보배는 온갖 방법을 다 써보았다. 짚으로 사납게 생긴 말을 만들어 대문 밖에 걸어놓았다. 귀신이 들어오려다 그 말을 타고 도망가지나 않을까 하는 희망에서였다. 하루는 아기의 얼굴과 가슴에 불긋불긋 종기가 돋자 무릎을 꿇고 귀신을 모시는 척하며 애원했다.

"저 예쁜 꽃을 보세요. 아름답게 핀 꽃송이들을 좀 보세요!"

보배는 몸을 떨며 흐느꼈다. 그러나 귀신을 달랠 수가 없었다. 아기의 병은 시간이 갈수록 악화되었다.

옆집 아이들의 병세도 더 나빠지자 땅거미가 질 무렵 두 사람은 무당 심씨 집을 찾아 나섰다. 심씨는 컴컴한 방 한가운데 앉아 뻘건 숯불이 타오르는 화로에 한약을 달이고 있었다. 그 숯불만이 방 안의 유일한 불빛이었다. 두 여인이 방에 들어섰을 때 심씨는 죽은 누런 개의 살점을 베어내 약탕관에 집어넣었다. 그리고는 선반 위에서 조그만 상자 두 개를 내렸다. 한 상자에는 호랑이 눈썹이 들어 있었는데 심씨는 그것들을 섬세하게 썰어 약탕관 안에 넣었다. 다른 상자에는 이슬이 많이 내린 여름 아침에 먹이로 유인해 손을 대지 않고 잡은 자줏빛과 황금빛의 딱정벌레 여섯 마리가 바짝 말라 들어 있었다. 심씨는 그것들 또한 작은 은집게로 집어 부글부글 끓는 약탕관 속에 조심스레 넣었다. 구부정한 허리로 화롯불을 들여다볼 때 무당의 코가 그림자를 만들어 이마 위를 덮자 심씨는 마치 뿔 하나 달린 흉측한 짐승같이 보였다. 심씨의 얼굴은 온통 깊게 파진 주름살투성이었고, 누런 이빨 하나가 입 밖으로 나와 입술을 덮은 것처럼 보였다.

약이 마음에 들 정도로 잘 달여진 후에야 비로소 심씨는 얼굴을 화로에서 돌려 두 여인을 쳐다보았다.

"무슨 일로 왔어?"

심씨가 짧게 물었다.

"손님이요."

두 여인은 동시에 대답했다.

"손님이라. 그런 줄 알았어. 손님하고 나는 잘 아는 사이야. 그래 어떻게 하란 말야?"

"오셔서 쫓아주세요."

그들은 부들부들 떨며 대답했다. 심씨는 아무 말도 하지 않고 방 한 구석에 있는 상자 뚜껑을 열었다. 조그만 짐승의 시체를 말린 것이었다. 그리고는 무릎 위에 그것을 놓더니 예리한 대나무 막대로 반복해서 찔렀다. 그러자 그 말라빠진 몸뚱이에서 찍찍 하는 소리가 났다.

"아직 살았군. 너희 아이들도 살릴 수 있겠어."

심씨는 자신 있게 말했다. 한참 동안 머뭇거리던 두 여인은 조심스레 입을 열었다.

"얼마나 들까요?"

"너희들 가진 것보다는 더 들 것 같은데?"

"백 냥이면 될까요?"

이웃 아낙이 주저하며 물었다.

"우선 그걸로 시작은 해보지. 그래 너는?"

무당은 보배가 서 있는 쪽으로 고개를 돌렸다. 가엾게도 보배에게는 돈이라고는 한 푼도 없었다. 아무 말도 못하는 보배에게 무당은 코웃음을 치며 조롱했다.

"한 푼도 없단 말이지? 여기는 돈 없인 못 오는 곳이야."

보배는 여전히 벙어리처럼 가만히 있었다.

"우리 집 땔감이 없어져 가는데…."

무당은 경멸의 눈길로 보배를 흘겨보았다. 그러나 보배는 할 말이 없었다.

"자네 집 앞뜰에 쌓아놓은 짚단이 좋더구만."

한 마디 덧붙이고는 끓는 약탕관을 들여다보았다.

"저… 그건 제 것이 아니에요."

보배가 더듬거리며 말했다.

"네 것이 아니면 어때! 여기에 가져다만 놓으면 내 것이 되지. 그게 무슨 대수라고."

심씨는 쌀쌀맞게 쏘아붙였다.

"하지만 어떻게… 시집 식구들이 볼 텐데…."

"너희 집은 하루 스물네 시간 대낮이냐?"

심씨가 다시 면박을 주었다.

"도대체 머리를 써, 머리를! 네 아이를 살리고 싶거들랑 내일 아침까지 짚단을 가지고 와! 어떻든, 그 시간까지는 어떤 집도 갈 수 없잖아. 내가 네 아이를 보러 가느냐 마느냐는 오늘 밤 네가 어떻게 행동하느냐에 달려 있는 거야. 알겠어?"

심씨는 화로에서 약탕관을 내려놓더니 나란히 늘어놓은 사기 그릇에 따르기 시작했다.

무당이 더 이상 아무 이야기도 하지 않자 두 여인은 얼어붙은 길을 걸어 집으로 돌아왔다.

귀희는 보배가 눕혀놓고 간 그 자리에 누워 있었다. 하지만 잠깐 자리를 비운 사이에 확실히 어떤 변화가 일어난 것이 분명했다. 신음 소리가 멎고 보채지도 않았다. 보배가 아기를 조심스레 들여다보자, 엄마를 알아보듯이 통통 부은 눈을 천천히 떴다. 아마 귀신도 심씨가 내일이면 올 것을 알고 미리 도망치기 시작한 것 같았다. 보배는 아기에게 젖을 물렸다. 목구멍이 부어 며칠째 빨지 못한 것이 안쓰러워 젖을 꾹꾹 눌러 짜넣어주었다. 아기는 엄마 얼굴을 올려다보더니 손을 들어 엄마의 가슴 위에 얹었다. 아프기 시작한 이후 처음으로 하는 재롱이었다. 다시 자리에 눕히자 아기는 곧 잠이 들었다.

보배는 살그머니 일어나 대청으로 나와 주위를 살폈다. 시어머니의 코고는 소리가 안방에서 들렸다. 다행히 시아버지는 오늘도 외박을 하시는 것이 분명했다. 보배는 잽싸게 마당으로 뛰어가 있는 힘을 다해 짚단을 한 단씩 끌어내리기 시작했다. 등에 지고 갈 수 있을 만큼씩 나누어 무당집으로 쉬지 않고 날랐다. 새벽녘의 차가운 빛줄기가 동쪽 하늘에 어슴푸레 비치기 시작했을 때는 겨우 서너 단만이 남아 있을 뿐이었다.

보배는 표시가 나지 않도록 지푸라기를 털고 옷매무새를 고친 후 얼른 방안으로 들어왔다. 숨도 돌리기 전에 대문간에서 쿵쿵 발자국 소리가 들려왔다. 갑자기 방문이 확 열리더니 시아버지가 불쑥 얼굴을 들이밀었다.

"여기 있어!"

소리치는 시아버지를 밀치고 방 안으로 어떤 남자가

뛰어들어오더니 보배의 두 팔을 움켜잡아 옆구리에 단단히 붙들어매고는 문간을 넘어 끌고 나갔다. 보배는 단번에 그 남자를 알아보았다. 동네 패거리들과 어울려 술에 취해 비틀거리는 것을 대울타리 사이로 본 적이 있었다. 험상궂은 말투와 술에 절어 얼굴이 붉어지지만 않았어도 그는 젊고 잘생겨 보였을 남자였다. 몸을 구부려 뜨거운 입김을 자신의 뺨에 훅 하고 불어대는 그의 얼굴이 보배에게는 마귀처럼 보였다. 순간 이틀 전에 들은 이야기가 스쳐 지나갔다. 얼마 전에 상처한 그 남자는 집안일을 해줄 여자를 찾고 있다는 것이었다.

그 남자의 패거리들인지 여러 사람들이 웅성댔다. 버둥거리는 보배를 여럿이 합세하여 묶었다. 보배는 대문 밖으로 끌려나갔다. 그때 시어머니가 뭔가를 가슴에 안고 쫓아나오며 소리쳤다.

"여보시오, 이것도 가져가요. 우린 싫소이다."

"우리도 필요 없소. 당신네나 가지시오."

"그러나 저러나 곧 죽을 거요. 가져가요. 어서!"

시어머니가 다시 성화를 했다. 그때 이웃 아낙이 아기를 포대기로 싸서 뒤를 쫓아가던 어느 남자에게 억지로 안겨주었다. 대문 밖에는 심씨가 서 있었다. 젯상에

북, 꽹과리를 들고 푸닥거리를 할 기세였다. 이 마을에서는 심씨가 영향력이 있다는 것을 아는 보배는 젖먹던 힘을 다해 소리치며 울부짖었다.

"저 좀 도와주세요!"

하지만 심씨는 떼거리가 지나가도록 길을 비켜주며 혼잣말로 중얼댔다.

"짚단만 가졌으면 나야 그만이지."

무당의 입가로 야릇한 웃음이 번졌다.

그 다음에는 무슨 일이 일어났는지 보배는 도무지 기억해낼 수가 없었다. 밧줄에 묶여 땅에 끌려가던 것이 어렴풋이 생각났다. 꽁꽁 얼어붙은 흙더미에 옷이 걸려 찢어졌고 살갗은 땅에 쓸려 벗겨졌다. 어쩌다 일어서게 되면 다시 넘어지지 않으려고 온 힘을 다해 그들을 쫓아갔다. 보배는 오직 아기 걱정, 가엾은 어린 생명 때문에 자신의 아픔은 느낄 수가 없었다. 시집에 아기가 있는지, 뒤로 누군가가 데리고 오는지 궁금해 미칠 지경이었다.

드디어 그 남자 집에 이르렀다. 자그마한 집들이 틈없이 모여 있는 마을 맨 끝 집이었다. 이제 보배의 주인이 된 그 남자는 묶었던 줄을 자르더니 부엌으로 밀쳐넣으며 명령했다.

"어서 일해. 아침 상을 차려 와. 잘 차려야 돼!"

얼마 안 있어 보배는 아기를 넘겨 받았다. 솜이불은 어디로 갔는지 아기의 몸은 얼음장같이 차가웠다. 하지만 아직 숨이 붙어 있었고, 벌어진 입술 사이로 숨소리가 새어나왔다. 보배는 자신의 체온으로라도 따뜻하게 해주려고 아기를 등에 업었다. 얼마 동안은 좀 나아지는 듯싶었다. 그리고는 몇 시간 동안 일에 쫓겨 정신 없이 움직이다가 문득 등에 업은 아기가 점점 무거워지고 차가워지는 것을 느꼈다. 아기의 가슴이 더 이상 뛰지 않았다.

보배는 아무 내색도 하지 않았다. 밤늦도록 일만 했다. 주인 남자가 길 건너 술집에 가는 것을 보고 나서야 처마 밑에서 호미를 꺼내 들고 캄캄한 문 밖으로 나섰다. 집들이 모여 있는 곳을 멀리 피해 평평한 땅을 골랐다. 손으로 눈을 쓸어버린 다음 얼어붙은 땅을 있는 힘을 다해 파기 시작했다. 구덩이가 만들어지자 보배는 조그만 아기의 몸을, 이미 굳어버린 아기의 주검을 솜이불에 싸서 그 속에 넣었다. 흙이 모자라 제대로 덮여지지가 않았다. 언 땅에서 돌 몇 개를 파냈다. 개가 파헤치지 못하게 이정표처럼 돌을 쌓아 올렸다. 잠시 멍하니 있던 보배는 손으로 몇 번 흙을 쓸어내린 다음 아무도 모르게 집으로 돌아왔다.

3. 어둠의 영, 그 세계 속에서

아기가 죽은 후 보배는 그 어느 때보다 고통스런 날들을 보냈다. 보배는 자신에게 왜 이런 가혹한 일들이 끝없이 일어나는 것인지 누구라도 붙잡고 묻고 싶었다.

강가로 나가 산더미 같은 빨래를 하다가 세차게 흐르는 물줄기를 보면서 보배는 자주 상념에 잠겼다.

'저 물 속으로 첨벙 뛰어들어 아무 희망도 없는 이 한 많은 세상으로 다시 돌아오지 않을 수 있다면 얼마나 좋을까? 그토록 착한 양순이도 다른 여자를 아내로 들어앉힌 남편에게 버림받자 물에 빠져 죽지 않았던가?'

그때, 강에서 끌려 올라오던 양순이의 시체를 보배는 생생하게 기억하고 있었다. 온 몸이 형체를 알아볼 수 없게 부어 있었고, 젖은 머리는 축 늘어져 땅에 끌렸다.

'유순이처럼 양잿물을 마시고 천천히 굶어 죽는 게 오히려 쉬웠을 텐데. 아니면 아편을 먹고 정신 없이 자다 이 세상을 떠날 수도 있겠지.'

그러나 보배에게는 그럴 용기가 나지 않았다. 다만 견딜 수 없는 고통 속에서 하루하루를 겨우 버텨냈다. 보배가 한 가지 복을 타고 났다면 그것은 일복이었다. 그것도 모두가 다른 사람을 위한 것이었다.

보배가 종처럼 일해주는 이 집에는 노령의 부모와 사내아이가 있었다. 그 노부부는 늙고 쇠약했다. 아이 역시 '손님'이 시력을 빼앗아가 앞을 보지 못했다. 노인들은 흘러간 옛날만을 생각하며 앞으로 닥칠 일들을 겁내고 있었다. 그들은 보배에게 거의 말을 걸지 않았지만 사내아이만은 보배를 따랐다. 보배의 치맛자락을 만지작거리고 보배가 가는 곳마다 졸졸 뒤쫓아다녔다.

지금 보배의 남편이 된 남자를 마을 사람들은 방만식이라 불렀다. 그는 한 번도 연민이나 따뜻한 감정을 보배에게 보인 적이 없었다. 때로는 보배가 있는지 없는지조차 모르는 것 같았다. 그러다가도 담뱃대나 음식을 가져다 바칠 때면 이유도 없이 보배를 주먹으로 때렸다. 그의 눈빛에는 증오심보다 더 끔찍한 표정이 서려 있었다.

보배가 더 이상 견딜 수 없다는 생각을 하게 된 것은 그와 함께 산 지 일 년 가까운 시간이 흐른 때였다. 보배는 늦은 밤중에 심씨를 다시 한 번 찾아갔다. 심씨는 보배가 내미는 돈을 받고서야 두 가지 방법을 일러주었다. 그 중 하나는 너무나 소름끼치는 것이었다. 어린 시절에 어머니에게서 들었던 이야기가 떠올랐다. 어떤 여자가 잠든 남편의 귀에 끓는 기름을 부으려다가 손이 떨리는 바람에 뜨거운 기름 방울이 그만 그의 목에 떨어지고 말았다. 그 남편이 불같이 화가 나서 당장에 아내를 종으로 팔아버렸다. 그후 그 여자의 뒷소식은 아무도 몰랐다.

보배는 두 번째 방법을 쓰기로 했다. 집으로 살그머니 돌아오자마자 곧 행동으로 옮겼다. 남편은 술에 잔뜩 취해 잠에 곯아떨어져 있었다. 그의 발목에서 대님을 풀어 얼른 밖으로 가져나갔다. 큼지막한 가위로 싹둑싹둑 잘라 한 조각씩 주문을 외며 허공에 대고 불었다.

> 가져가 찢어버려라. 흩어져버려라.
> 내 알 바 아니로다.
> 한 번 시작하면 되돌릴 수 없도다.

그리고는 동서남북을 향해 큰절을 하고 우주 삼라만상에 우러러 두 손 모아 싹싹 빌며 어서 와서 이 끔찍한 멍에에서 벗어나게 해달라고 간청했다.

의식을 마친 보배는 아무에게도 들키지 않게 집으로 들어와 두려움에 떨면서 저주가 이루어지기를 며칠 동안 기다렸다. 그러나 어찌된 일인지 그 저주가 남편이 아닌 아무 죄 없는 두 노인에게 내렸다. 방바닥에 나란히 누워 고열과 기침으로 신음하는 노인들을 보며 보배는 양심의 가책을 느꼈다. 불쌍한 노부부는 살고 싶어했다. 아무런 낙도 없는 삶이었지만 그들은 죽음을 두려워했다. 그러나 보배의 남편은 그들이 어서 죽기를 바라고 있었다. 노부모가 방 하나를 차지하는 것이나 그들이 먹는 양식이 아까워 견딜 수가 없었다. 다만 죽은 다음에 그 귀신들이 찾아와 괴롭힐 것이 무서워 노인들이 무당을 불러달라는 청을 차마 거절하지 못했다.

그렇게 해서 심씨는 장님 고판수를 데리고 나타났다. 그는 이 마을로 흘러들어온 지 얼마 되지 않았지만 심씨만큼이나 귀신술이 능하며 흙점에 용하다고 소문이 난 점쟁이었다. 이들 무당과 장님은 서로를 잘 이용할 때도 있었지만 사실은 적수였다. 고판수는 몸집은 작지만 다부진 체격의 소유자로, 반쯤 감겨진 눈에 눈동자가 돌아가 흰자만 보였다.

심씨가 들어왔을 때 '너나 나나 이런 일이 생길 줄 알았다' 라는 듯, 보배에게 심술궂은 눈초리를 보냈다.

무당은 집안과 대청에 모여든 동네 사람들을 마구 쫓아내더니 곧 푸닥거리를 시작했다. 대청마루에 멍석을 깔고 음식을 잔뜩 쌓아올린 제사상 세 개를 나란히 놓았다. 그리고 더러운 옥양목 치마 저고리 위에 길고 펄럭거리는 양단 옷을 걸쳐 입었다. 부채를 한 손에 들고 다른 손에는 작은 방울을 쳐들더니 고판수에게 신호를 보냈다. 대청 한구석에 앉아 있던 고판수는 짐승 가죽으로 된 큰북을 둥둥둥 치기 시작했다. 무당은 박자에 맞추어 천천히 좌우로 몸을 흔들면서 마루를 밟기 시작하더니 부채를 휘둘렀다가 병마와 이야기를 주고받는 듯 방울에 대고 뭐라 중얼거리기도 했다. 얼마 안 있어 푸닥거리는 열기를 띠기 시작했다. 부채와 방울을 집어던지고 이번에는 꽹과리를 머리 위로 올려 두들겨댔다. 북소리가 점점 더 빨라지면서 무당도 점점 더 빠르고 격렬하게 춤을 쳐댔다. 옆으로 흔들흔들 하다가 소용돌이치듯 뱅글뱅글 돌았다. 펄럭거리는 치맛자락은 넋을 잃고 쳐다보는 구경꾼들을 삼킬 듯이 휘몰아쳤다.

제사상에서 한 움큼 음식을 집더니 "이거 먹고 가거라! 이거 먹고 가거라" 하며 허공에 집어던졌다. 그러더니 갑자기 흥분된 소리로 "지금 간다! 이 집을 나간다! 마당에 있다! 지금 간다, 간다, 간다 아!"라고 발악을 했다. 북소리가 크게 한 번 쿵 하면서 꽹과리 소리도 멎고

3. 어둠의 영, 그 세계 속에서 **91**

갑자기 주위는 쥐 죽은 듯 조용해졌다. 이때 만식이 급하게 뛰어나오며 무당의 소맷자락을 잡아챘다.

"도대체 왜 지금 중단하는 거요?"

"당신이 낸 돈 값어치는 다했어."

심씨는 무당 옷을 벗으며 쏘아붙였다.

"안 돼, 안 돼, 여기 돈 더 있소. 자, 내가 가진 돈 다 털어놓았소. 어서, 어서 계속해요."

굿은 다시 이어졌다. 심씨는 낮은 소리로 중얼대며 몸을 앞뒤로, 옆으로 흔들어댔다. 저녁이 되고 밤이 지나 아침이 되었어도 굿은 계속되었다. 아침이 되자 구경꾼들이 다시 모여들었다. 동네 아낙네 둘이서 목을 빼고 방 안을 기웃거렸다. 두 노인은 여전히 나란히 누운 채 숨이 막히는 듯 헐떡거리고 있었다. 병색으로 노란 얼굴에 숨만 붙어 있을 뿐 그들의 몰골은 거의 송장이었다.

"우리 내기 할까? 저 노인 양반들 죽을 거야. 내 두 냥 걸지."

한 아낙이 자신 있게 말했다.

"죽을 것 같아. 내 생각에도. 어젯밤보다 더 안 좋아 보여."

다른 여자가 대답했다.

이 속살거리는 소리를 심씨가 듣더니 푸닥거리를 멈추었다. 그리고는 자기 물건을 주섬주섬 챙기면서 말했다.

"이 집은 효심이 아주 부족해. 하도 돈을 조금 내놓으니 아무 신령님도 오시려고 하지 않아. 어젯밤에 한 오백 냥만 더 냈더라도 효험이 있었을 텐데. 지금은 다 허사야."

만식은 자기 머리카락을 두 손으로 움켜쥐면서 가구를 팔겠다고 제안했지만, 무정한 심씨는 코웃음을 치며 고판수와 함께 나가버렸다. 구경꾼들도, 친척들도 하나하나 떠났다. 만식은 혼자 남아 금방 숨을 거둘 것 같은 노부모를 내려다보다가 겁에 질려 신발을 급히 집어들고는 주막으로 가버렸다.

보배는 무서움에 떠는 눈 먼 아이의 찬 손을 이끌고 밖으로 나왔다. 두 노인만이 외로이 임종을 맞도록 내버려졌다.

몇 시간이 지나서 만식이 비틀거리며 들어왔을 때는 흙으로 돌아갈 두 시신만이 덩그러니 놓여 있었다. 아들을 키우고, 먹이고, 자신들의 자랑으로 삼았던 두 사람에게 남은 것은 그것이 전부였다.

3. 어둠의 영, 그 세계 속에서

만식은 슬프지 않았다. 오히려 거추장스러운 물건이라도 없어진 듯 시원하기조차 했다. 그러나 남의 눈이 있으니 체면은 지켜야 했다. 그는 상투를 풀고 옷을 찢으면서 구슬프게 곡을 하기 시작했다. 지나가는 모든 사람이 그 소리를 듣고 "어이구, 방만식의 효성이 대단하군"이라고 감탄할 때까지 말이다.

명당 자리를 부탁받은 고판수가 다시 왔다. 지신, 공신, 수신, 목신, 석신과 의논하느라 많은 돈을 없앴으나 아직도 명당을 찾지 못했다는 것이었다. 한 자리는 아주 좋다고 해서 파보니 흰 자갈이 많은 땅이었다. 이런 땅에 묘자리를 하면 후손 중에 배냇병신*이 나온다는 설이 있었다. 그러다보니 차일피일 늦어졌다. 게다가 무더운 날씨가 계속되자 만식은 초조해졌다. 묘 자리 선택이 어려워질수록 값은 자꾸 올랐다.

드디어 장례를 치렀다. 그 대신 만식은 제일 좋은 땅을 팔고도 거액의 빚더미 위에 올라앉게 되었고, 그러자 가까웠던 친구들도 멀어졌다. 그러나 만식의 마음은 편했다. 할 수 있는 데까지 다했으니 죽은 영혼이 찾아와 괴롭힐 염려가 없었기 때문이었다.

---

*나면서부터 불구가 되는 것.

4. 고판수의 수난

고판수는 대나무 지팡이로 길을 더듬으면서 만식의 집을 나왔다. 돈 꾸러미를 등에 진 심부름하는 아이를 앞세워 걸었다. 지금 막, 아까워서 악을 쓰는 만식에게서 강탈하다시피 잔금을 받아 가지고 가는 길이었다. 그는 무척이나 통쾌한 마음에 만족한 웃음을 감출 수가 없었다. 그는 지팡이를 들어 소년의 등에 있는 돈 꾸러미를 툭툭 치기도 했다. 그것은 단 한 순간에만 만족스러운 죄의 값이었다.

고판수가 기분이 좋은 데는 여러 가지 이유가 있었다. 무엇보다 이번 싸움에서 심씨를 이긴 것이 가장 큰 이유였다. 그는 심씨와는 비교가 안 될 만큼 많은 돈을 만식에게서 뜯어냈다. 지금까지 늘 심씨 그늘에서 될 듯 될 듯하다가 매번 허탕을 치고 머리만 긁는 처지였지만, 이번엔 제대로 맞아떨어졌다. 그래서 승리감에 도취되었다. 늙은 심씨의 교묘한 재주만 알아낼 수 있다면 사람들을 사기치고 기만하는 일에는 문제가 없을 거라고 생각했다.

고판수는 힘은 들었으나 한 밑천 잡고보니 다른 소원을 성취하고 싶은 생각이 들었다. 그가 집에 도착했을 때 첫순이, 또딸이, 섭섭이 세 딸이 그를 맞아주었다. 딸

첫순이, 또딸이, 섭섭이

들의 이름은 그가 얼마나 아들을 바랐는지, 얼마나 참고 기다렸는지를 보여주는 것이었다.

길 건너 물을 댄 논에는 무릎 아래와 팔꿈치까지 몸을 담그고 일하는 여인이 있었다. 까맣게 볕에 탄 살갗에다 더러운 옥양목을 휘감은 초라한 모습이었다. 철벅철벅 발소리만 듣고도 그는 아내인 줄 알았다.

"거시기! 이거 봐!"

팔뚝까지 흙탕물이 묻은 채 그녀는 허리를 펴 남편을 쳐다보았다.

"이리 와. 나 좀 봐."

진흙이 줄줄 흐르는 옷으로 고판수 앞에 선 그녀의 얼굴은 온통 땀으로 젖어 있었고, 남편의 시선을 피해 허공을 바라보았다.

"내가 무슨 얘기를 꺼내려는지 잘 알지? 한 번 참고 두 번 참고 세 번이나 참았어. 이제 또 계집애를 낳으면 어떻게 되는 줄 알지? 그땐 너도 끝장이야!"

그녀는 어깨를 움츠리며 말을 흐렸다.

"전 할 수 있는 데까지 다했는데…."

"다른 걸 야단하는 건 아냐. 그만하면 쓸 만한 마누라지. 나도 남 못지않게 잘 먹고 입었으니 말야. 그렇지만 아들을 낳아야지. 아들을. 너도 잘 알잖아?"

"하지만 저보고 어떻게 하라고요?"

남편의 말에 기가 죽어 체념한 듯 물었다.

"넌 백일 기도도 아직 안 드려봤잖아?"

"왜 제가 못 드렸는지 아시잖아요? 돈이 있어야지요."

"지금 그 돈이 생겼단 말야. 하루라도 빨리 시작해."

그녀는 잠시 묵묵히 서 있다가 기운 없이 대답했다.

"소용없을 거예요. 꽃분이도 해봤지만 딸 쌍둥이만 낳았잖아요. 복실이는 그나마 아무것도 못 낳구요. 괜히 돈만 없앨 뿐이에요."

"생각을 그 따위로 먹으니 안 되지!"

고판수는 벌컥 화를 냈다.

"딴 여편네들이 실패한 건 정성이 없어서야. 몰래 고기를 처먹었든지 매일 목욕재계를 안 했겠지. 너도 실패하는 날엔 알지? 다 네 책임이야!"

이튿날 새벽, 먼동이 트기 전이었다. 거시기는 놋대야를 머리에 이고 집을 나섰다. 언덕 중턱에 있는 샘터로 갔다. 주위를 조심스레 둘러본 후 대야를 내려놓고 옷을 벗었다. 표주박으로 차가운 물을 퍼서 온 몸에 끼얹었다. 무릎 아래로 쏟아져 내릴 때까지 계속 부었다.

그녀는 맨손으로 손 닿는 데까지 닦을 만큼 닦고 얼른 옷을 주워 입었다. 그리고 대야를 이고 산꼭대기에 있는 절을 향해 산길을 걷기 시작했다.

길 옆은 낭떠러지였고 절까지 이르는 길은 가파르고 멀었다. 산꼭대기에 도착해 거대하고 오래된 절간으로 들어섰을 때는 다리가 마구 후들거렸다. 천만다행히 도중에 아무도 만나지 않았다. 그것은 흉조를 의미하기 때문이었다. 중 두세 명이 아첨하듯 머리를 조아리며 그녀를 맞이했다. 그녀는 잠시 쉴 틈도 없이 돌멩이로 작은 화덕을 만들어 그 위에 놋대야를 걸쳐놓았다. 그리고 조금 떨어진 샘에서 길어온 물로 밥을 짓기 시작했다.

매일 먹는 조밥이나 팥밥이 아닌 기름기가 줄줄 흐르는 흰 쌀밥이었다. 밥이 불 위에서 끓기 시작했다. 밥이 알맞게 익자 흰 눈 같은 쌀밥을 놋주발에 수북이 담아 나무 쟁반 한가운데 놓고 숙주나물, 시금치나물, 두부, 고추장 등 반찬들을 빙 둘러놓았다. 먹음직스런 쟁반을 들고 제일 먼저 금부처상 앞에 가져다 바쳤다. 다음에는 아기를 점지해주는 거만한 삼신제왕 그림 앞으로 가서 음식을 바쳤다. 그리고는 그 자리에 꿇어 엎드려 아무것도 듣지 못하는 그들에게 거듭거듭 기도를 올렸다.

"제발 아들을 주시옵소서! 제발 아들을 내려주시옵소서!"

마지막 큰절과 기도를 마치고 일어서자 여름 해가 벌써 중천에 떠 있었다. 거시기는 제사상을 부처 앞에 놓은 채 산길을 급히 내려왔다. 부처 얼굴은 그대로였지만 중들의 얼굴에는 만족한 빛이 넘쳤다. 백일 동안 거시기는 산길을 오르내리고 온종일 밭일도 했다. 거기에다 부족한 잠 때문에 그녀는 점점 쇠약해졌다. 살이 찌는 것은 중들뿐, 부처는 언제나 똑같은 얼굴이었다.

고판수는 점점 의기양양해졌다. 아들을 얻기 위한 백일 정성도 착착 진행 중이었고, 노련한 심씨를 멋지게 한판 이겼다는 기쁨으로 한껏 기분이 들뜬 그는 이제 더 큰 힘을 가져야겠다는 욕심이 생겼다.

고판수는 입산하기로 마음을 먹었다. 한 손에는 지팡이를, 다른 손에는 좁쌀 한 자루와 그릇, 수저를 들고 먼 길을 떠났다. 아무도 보이지 않는 들판에 다다르자 그는 늘 반쯤 감겨 있던 눈을 번쩍 떴다. 뱅글뱅글 돌아가며 뒤집혀 있던 눈동자가 제자리로 돌아오면서 멀쩡한 눈이 되었다.

그는 진짜 장님이 아니었다. 가느스름한 눈매에 새까만 눈동자는 몹시도 날카로웠다.

지팡이가 필요 없게 되자 그것을 자루에 끼어 어깨 위로 둘러메고 신바람나게 걷기 시작했다. 장님으로 행세하던 때와는 너무나 대조적이었다. 그는 장돌뱅이들이 인생의 허무를 노래하는 타령을 흥얼흥얼 읊어댔다.

> 세월아 네월아 가지 마라
> 새 봄의 꽃 같은 얼굴에 주름지네
> 노세 노세 젊어서 노세
> 한 번 가면 다시는 못 오는 인생
> 안개처럼 사라지는 허무한 인생살이
> 젊어서 노세 젊어서 술 한 잔
> 늙으면 못 노나니 늙으면 못 취하네.

그는 때로 낮은 가락으로 노래를 부르기도 하고, 때로 고함치듯 부르기도 하면서 기분 좋은 염소 새끼처럼 껑충껑충 뛰었다.

고판수는 이 새로운 모험이 성공할 것이라는 즐거운 기대감으로 가득 찼다. 이 입산 기도는 몇 시간만 드리는 짧은 것이 아니었다. 부처님이나 삼신제왕께 드리는 제사도 아니었다. 부지런히 걸어 하루 온종일 걸리는 산속 깊은 곳에서, 콸콸 흐르는 개울을 내려다보며 가파른 절벽을 마주하고 있는 장소에서 그는 동굴 하나를 발견했다. 그 속에서 그는 아무것도 먹지 않은 채 이레 동안 밤낮으로 눕지도 자지도 않고 염주에 대고 계속 염불을 외웠다. 그가 바라는 것은 사탄의 힘이요, 사탄의 왕림이었다.

이레째 되는 날 자정에 드디어 그의 소원이 이루어졌다. 그 어두운 동굴 속에 자기 외에 누군가 있는 것을 느꼈다. 머리카락이 곤두서고 소름이 끼쳤다. 그 깜깜하기 이를 데 없는 동굴 속에서도 고판수는 자기 앞에 서 있는 지옥의 세 괴물을 똑똑히 볼 수 있었다. 하나는 여자였다. 뱀의 머리를 가졌고 증오와 원한이 가득 찬 귀신이었다. 다른 하나는 자라다 만 사내아이였다. 머리가 세 개이고 꼬리가 일곱 개 달려 있었다. 마지막 하나는 거인 남자였다. 누구에게나 상처를 주고 파괴하고 죽일 수 있는 힘이 넘쳐흘렀다. 세 귀신은 그에게 다가서며 손을 내밀며 말했다.

"자, 우리를 데려가라. 우리를 데려가서 명령만 하면

돼. 한 가지 기억할 것은 결국에는 너도 우리처럼 된다는 것이다."

고판수는 그 자리에 쓰러졌다. 기절을 한 것인지 수면 부족에서 온 혼수 상태인지 그는 꼼짝 않고 누워 있었다. 다음 날 저녁에야 겨우 정신을 차려 신발을 질질 끌며 집으로 돌아왔다. 그리고 며칠 동안은 먹고 자기만 했다. 얼굴에 생기도 돌고 기운을 차렸다. 그는 새로 얻은 마력을 시험해볼 마음의 준비가 되었다.

고판수는 사람들로 북적이는 마을 한가운데서 판을 벌였다. 그의 마술이 한참 절정에 이르렀을 때 심씨가 나타났다. 고판수는 다시 장님으로 되돌아와 여자, 남자, 조무래기들 한가운데 앉아 북을 치며 큰 소리로 주문을 읊고 있었다. 조금 멀리 떨어진 무덤 꼭대기에 청백색 도자기 항아리가 놓여 있었고, 그 속에는 손잡이가 긴 놋숟가락이 들어 있었다. 사람들의 시선은 모두 이 항아리와 숟가락에 고정되어 있었다. 북 소리와 주문이 점점 빨라지자 사람들이 흥분하기 시작했다.

"움직이네, 저 봐! 벌떡 뛰었지? 숟가락 소리가 났어!"

사람마다 겁에 질린 듯 수군거렸다.

그러나 먼 발치에 서 있던 심씨는 항아리가 움직이는 걸 전혀 보지 못했다. 처음 놓인 그 자리에 그대로 놓여 있을 뿐이었다. 다시 감탄의 환호성이 터져나왔다. 항아리가 또 뛰는 걸 보았다는 것이다. 심씨는 앞으로 나가 날카로운 소리로 외쳤다.

"이런 바보들같으니. 하나같이 똑같군. 내가 있는 자리에서 저 항아리를 쳐다봐. 그리고 뭐가 보이는지 말해 봐."

삽시간에 찬물을 끼얹은 듯 조용해졌다. 싱겁게 웃는 사람도 있었고 화를 내는 사람도 있었다. 얼굴이 벌개진 어떤 남자가 고함을 치며 나와 있는 힘껏 북을 차더니 옆에 있던 고판수까지 걷어찼다.

그의 북은 사람들의 발길에 채이고 내동댕이쳐져 마을 끝까지 굴러갔다. 마지막에는 청백색 항아리가 날아와 고판수의 어깨를 때렸다. 경쟁자의 실패를 보며 통쾌해하던 심씨가 낄낄 웃으며 말했다.

"젊은이, 다시 해보게. 이제 시작이야. 이레를 아홉 번 더 해보게. 그러면 효험이 있을 거야. 다시 해보라구!"

5. 복음에 눈을 뜨다

가을이 왔다. 이번 가을은 제법 길고 풍성했다. 올해는 농사가 잘되어 곳곳마다 풍년 기분에 들떠 있었다.

그런데 읍사무소 관리들이 이 판에 돈을 우려내자는 속셈으로 잔치를 열어 그 마을 사람들을 다 부르기로 했다. 그래서 밭신령, 논신령, 비신령 등 풍작을 도운 모든 신령에게 기도하고 제물을 바치게 했다. 그러자 무당, 점쟁이, 마술사 등 지하 세계의 세력들에게 영향을 미치는 자리에 있다고 자처하는 온갖 이들이 읍내로 몰려들었다. 시체 냄새를 좋아하는 어떤 귀신도 흉내낼 수 없을 만큼 죽은 송장을 쫓는 짐승들처럼 그들은 앞다투어 몰려들었다.

이 사탄의 추종자들은 만족스러운 돈을 받고 나흘 동안 밤낮을 가리지 않고 요란 법석을 떨어주었다. 북, 꽹과리, 피리, 아쟁 등 소리나는 기구란 기구는 다 동원되었고, 노래와 춤으로 사탄을 경배하며 그 이름을 찬양했다. 사탄이 나타났다. 바로 술과 도박, 춤추는 여자들과 창부들이 제 세상을 만난 듯 들썩거렸던 것이다. 사탄이 보기에도 자기 뜻대로 모든 악이 행해지는 것에 만족했을 법한 깊은 어두움의 세계가 펼쳐졌다.

잔치 마지막 날 저녁이 되자 사람들은 뿔뿔이 흩어지기 시작했다. 흡족할 만큼 푸짐한 대가를 받은 심씨는 한 보따리 짐을 챙겨 심부름꾼의 등에 실어 보냈다. 심씨는 따분하기 짝이 없는 집으로 돌아가기 전에 잠시 구경이라도 하며 즐길 작정이었다.

"우리 코쟁이들 구경 가자!"

심씨의 이 한 마디에 몇몇 아낙들과 처녀들이 따라나섰다. 그들은 선교사가 사는 동네로 향했다. 선교사네 집 어귀로 들어섰을 때 선교사와 그 부인은 과일과 야채가 자라고 있는 정원을 거닐고 있었다. 앞마당 전체가 정원이었다.

"저 여자, 양반은 못 돼! 저것 좀 봐. 품팔이 여자같이 나와 다니네? 얼굴이랑 머리를 다 내놓고! 누가 봐도 부끄럽지 않다는 듯이 말야!"

심씨의 말이었다. 다른 아낙이 맞장구를 쳤다.

"귀부인이 아니고 말고. 남자를 저렇게 쫓아다니는 꼴을 보면 알지!"

바로 그때 선교사가 아내의 얼굴이 긁힐까봐 포도넝쿨을 옆으로 치워주었다.

"저걸 좀 보라니까! 저 여자를 숭배하누만. 저런 꼴

어디서 봤어?"

"저 남자 징그럽게 크네요! 보통 사람 두 배는 크지요?"

한 처녀의 말이었다.

"어머나 저 말꼬리좀 봐. 말이 꼬리를 쳐드는 것처럼 저 여자가 치마를 쳐드네."

방문객들이 가까이 오자 선교사는 이곳의 예의를 따라 부인을 두고 슬그머니 물러갔다.

"구경 좀 시켜주."

심씨가 앞으로 나서며 반말로 건넸다. 선교사 부인은 아무 말 없이 미소 띤 얼굴로 그들을 집 안으로 안내하려고 돌아섰다. 웃을 때 금으로 덧씌운 치아가 살짝 드러나 보였다.

"야! 너희들 생전 저런 거 봤니? 저 사람들 부자라고는 들었지만 금니를 할 정도라고는 상상도 못했네."

모두들 수근댔다.

그 집은 한국식 가옥을 본떠 지어진 것이었다. 벽은 밀짚에다 진흙을 섞어 산뜻하게 덧발랐고, 기와 지붕에는 처마를 길게 쳐놓았다. 응접실과 거실로 사용되는 큰 방은 보통 방보다 두 배는 넓었는데 다른 방들처럼 예쁜 종이로 도배를 해놓았다.

바닥 역시 진흙을 발라 건조시킨 후 조잡한 멍석으로 깔지 않고 나무로 만들어 그 위에 산뜻한 양탄자를 깔아놓았다. 풍금, 재봉틀, 타자기 그리고 탁자와 의자가 여기저기 놓여 있었다. 아낙들에게 그 모든 것은 생소하기만 한 물건들이었다.

"와! 굉장하네. 정말 좋다. 산신령 사는 데 말고 또 이런 데가 있을까?"

그들은 사방을 둘러보며 이구동성으로 칭찬했다.

"앉으십시오."

선교사 부인이 말했다.

'앉으라구? 어디에 앉으란 말인가?'

심씨는 집에 들어오기 전에 방바닥에는 절대로 앉지 말라고 아낙들에게 미리 일러둔 터였다. 이 외국인들은 절대 바닥에 앉지 않는다는 말을 어디선가 들었기 때문이었다. 그러나 방바닥 아니면 어디에 앉을 수 있는지 알지 못했다.

"어서 앉으십시오. 여러분께 말씀드리고 싶은 것이 있습니다."

부인이 다정하게 웃으며 말했다. 두 번씩나 청하는

데 차마 거절할 수가 없었다. 흩어져 있는 가구들로 정신이 산란해진 심씨가 그 중 그럴듯해 보이는 탁자를 골라 그 위에 올라가 앉자 다른 아낙들도 얼른 따라가 앉았다.

"오, 아닙니다. 거기는 아닙니다."

부인이 급히 말렸다. 그녀의 얼굴에는 형언키 어려운 어떤 강렬한 감정이 스쳐 지나갔다.

"여기입니다." 손으로 의자를 가리켰다.

심씨는 당황한 표정을 애써 감추며 상에서 내려와 가까이 있는 유아용 의자를 골랐다. 몸집이 큰 심씨가 나무가 약한 유아용 의자에 앉자 선교사 부인의 얼굴은 걱정이 되어 어쩔 줄 몰랐다. 심씨가 위험하게 걸터앉아 있다가 다시 흔들의자를 택했을 때 그녀는 안도의 숨을 내쉬었다. 태평양을 건너온 이 흔들의자는 일 년 남짓 선교사 생활을 하는 동안 언제나 그녀를 편안하게 받아주었고, 그녀의 기분이 아무리 변하고 동작을 달리 해도 기분 좋게 맞추어주었다. 누구나 편안히 앉을 수 있는 의자였기에 바로 다음 순간 일어난 일은 전혀 예상하지 못했다. 심씨가 그 의자에 앉자마자 순식간에 흔들거리는 힘에 의해 방구석으로 나가 떨어진 것이었다.

의자는 통쾌하다는 듯이 계속 흔들거렸다. 마루 한복판에 떨어진 심씨는 화도 나고 무안해서 어쩔 줄을 몰랐다. 언제나 당당하기만 한 심씨가 이렇게 수치를 당하는 꼴이 재미있어 다른 여자들은 배를 잡고 웃어댔다.

부인은 심씨를 일으켜 결국 남편의 튼튼한 팔걸이의자에 앉혔다. 부인이 무어라 토막토막 심씨에게 말했고, 심씨는 그것을 어렴풋이 사과나 위로의 말로 짐작했다.

한참 떠들썩하던 분위기가 조용해지자 선교사 부인은 조심스레 입을 열었다.

"여러분, 하나님 아나요?"

"신을 모르는 사람이 어딨어? 우리를 짐승으로 아는 건가?"

심씨가 볼멘소리로 반박했다.

"여러분 모두 하나님 압니다. 그러면 그 하나님 경배합니까?"

"왜 그래야 한단 말이요? 신은 너무 멀리 있지만 귀신들이야 훨씬 가까이 있지 않소."

"하나님은 여러분 모두 사랑하시고 여러분 경배 받고 싶어하십니다. 하나님은 여러분 아주 많이 사랑하시기 때문에 그 아들을 우리에게 보내셨습니다."

"도대체 저 여자가 무슨 얘길하는 거야? 난 한 마디도 못 알아듣겠네. 우리 말같기도 하고 아닌 것같기도 하고."

"우리 말을 한다구? 저 여자가 어떻게 우리 말을 알아. 서양 여잔 줄 몰라? 서양 말이야."

다른 여자가 우쭐대며 꾸짖었다.

"사랑하는 아들, 하나뿐인 아들 세상에 보내셨습니다."

"도대체 당신은 몇 살이나 됐소?"

"나 스물다섯입니다. 그분은 우리를 죄에서 구원하려고 오셨습니다. 그분 이름은 예수 그리스도이고…."

"스물다섯이라구? 그런데 머리 빛깔이 왜 그래요? 여든 살은 된 줄 알았네."

"부모님은 아직 살아 있어요?"

이런 상황을 여러 번 경험했던 선교사 부인은 이 시점에서 복음에 대한 이야기를 내려놓고 다른 내용으로 화제를 돌려야겠다고 마음먹었다.

"나 스물다섯 살입니다. 내 남편은 스물여덟 살입니다. 내 부모님 모두 살아 계십니다. 내 아버지 팔십 살입니다. 내 어머니 오십여덟 살입니다. 나 남자 형제 셋 있습니다. 여자 형제 둘 있습니다. 내 머리 빛깔 언제나 이렇습니다. 나 결혼한 지 일 년 조금 넘었습니다. 젖먹는 아기 하나 있습니다."

"딸이겠지요?"

심씨가 말을 가로챘다. 그리고 다른 여자들에게만 들리게 말했다.

"이 사람들은 딸만 낳는대."

"네, 딸입니다. 선교사들 아들 있는 사람 있습니다. 내 친구 아들 셋이고 딸 하나뿐입니다. 자, 내가 예수 그리스도에 대해서 얘기하겠습니다. 그분은 우리 모든 사람 구원합니다. 그분 우리의 마음속에서 우러나오는 예배 원하십니다. 그리고…."

"글쎄, 못할 것 없지요? 섬기는 것이 많을수록 좋겠지요. 다른 신 모실 때같이 하지요."

한 아낙이 동조하는 눈치였다. 바로 이때 다른 여인 하나가 주위를 둘러보다 긴 의자 구석에 놓여 있던 인형을 발견했다.

"여기 있어! 이게 바로 저 사람들이 예배드리는 물건이야!"

부인의 말을 듣고 있던 그들은 그 소리를 듣고 갑자

기 두 손 모아 인형 앞에 엎드려 절하기 시작했다. 솜으로 된 인형은 조용히 미소를 짓고 있었다. 그들은 더 들을 생각도 하지 않고 우루루 몰려 나갔다. 어이없이 웃는 선교사 부인의 눈에 눈물이 어렸다. 그녀는 다시 한국어 사전과 문법책을 펴 들며 무슨 결심이나 하듯 입술을 지긋이 깨물었다.

심씨는 집으로 곧장 돌아가지 않고 아낙들을 이끌고 선교사의 집 뒤편으로 가 부엌 문턱에서 아는 체를 했다. 거기에는 영규가 살고 있었는데 부엌은 그만의 영역이었다. 영규는 열여덟 살 된 총각이었다. 가운데 가르마를 타고 굵게 땋은 머리는 허리까지 내려왔다. 가까이 보면 그 머리는 가발을 붙여 땋아내린 것으로 영규는 겉치레하기를 좋아했다. 그의 눈은 총명했다. 말을 잘하는 것으로는 누구에게 지면 서러울 정도였다. 선교사 부인은 영규를 귀여워했지만 그는 가끔 부인의 마음을 아프게 했다. 하지만 그녀가 선생님이라고 부르는 노인이 꾸벅꾸벅 졸며 한 달 동안 가르쳐준 것보다 더 많은 한국어를 영규는 하루 만에 가르쳐주었다.

영규는 은제품을 거친 돌로 박박 긁어 닦아냈다. 그 물건들은 친한 친구들에게서 결혼 선물로 받은 귀한 것들이서 영규가 잘한답시고 닦아놓은 그것들을 볼 때마다 속이 상해 눈물이 났다. 또 가끔은 흰 무명 양말을 풀을 먹인답시고 옥수수 스프에 넣어 주물럭거린 다음 마당에 널기도 했다. 그뿐만 아니라 닭고기, 계란, 굴, 생선 등 부인이 시장을 볼 때면 영규는 그 사이에 끼어들어 물건값을 깎은 후, 깎은 동전 몇 푼씩을 제 호주머니에 찔러 넣기도 했다.

심씨 일행이 부엌 문간에 다가섰을 때 영규는 저녁거리로 쓸 감자 껍질을 벗기고 있었다.

"웬일들이시래요?"

부엌 문이 그림자로 가려지자 영규가 퉁명스럽게 말했다. 이런 구경꾼들이 삼사십 명씩 우루루 몰려든 적도 있었다. 영규는 아직 젊었기 때문에 그 귀찮은 일을 참기가 어려웠다.

심씨는 부엌으로 들어가 영규 옆에 바싹 다가앉으며 비밀 얘기라도 하듯 팔을 잡았다.

"이보게, 저 사람들이 어떤 사람들인지 말 좀 해봐."

"누구말이요?"

"누구는 누구야? 네가 일해주는 저 서양 사람들 말이지."

"우리하고 똑같은 사람들이지요 뭐."

"그래? 우리하고 똑같다구?"

"글쎄요. 어떤 면에선 좀 다르지요."

영규가 말을 천천히 이어갔다.

"지금 일곱 달쯤 지냈는데요, 한 번도 남자가 여자를 때리는 걸 못 봤어요. 또 저 여자가 한 번도 남편한테 화내는 소리도 못 들었어요. 둘만 있을 때는 어떤지 모르지만요. 또 저 사람들은 절대로 거짓말을 안 해요. 아주 조그만 일에도 거짓말을 안 해요."

잠시 침묵이 흘렀다. 심씨가 다시 물었다.

"저 사람들은 여기 왜 왔지? 물론 더 잘 살려고 왔겠지만 어떻게…."

"새 교리를 가르치러 왔어요."

"새 교리라구? 흥, 우리 것보다 더 좋은 교리가 어딨어!"

"난들 아나요. 난 지금은 생각 없지만 이 다음에 늙으면 한번 믿어볼까 해요. 이 사람들이 가르치는 교리는 예수라고 부르는 이에 대한 거예요. 예수가 그들을 구원한대요. 이 사람들은 그걸 믿어서 마음이 기쁘고 평안한가봐요."

"체, 난 그런 평안은 필요 없어. 지금도 내가 갖고 싶은 건 다 가질 수가 있는데 뭐."

심씨는 단호하게 말했다. 자리에서 일어난 심씨는 부엌 안을 들여다보다가 선명한 빛깔의 상표가 붙은 빈 토마토 깡통과 깨진 유리 조각 하나를 보았다.

"내키면 가져가시구려."

영규가 말했다.

"이거 보게. 이 사람들 우리하고 똑같이 먹나?"

"그럼요. 먹고 말고요."

"뭘 먹지?"

"뭐 이것저것 다 먹지요."

이때 심씨와 다른 늙은 아낙의 시선이 동시에 버터 접시로 갔다. 그것은 몇 달 전에 만들어진 맛 좋은 버터로 태평양을 건너온 것이었다. 그러나 심씨는 버터라는 것은 생전 들은 적도 본 적도 없었다. 그리고 소젖으로 다른 음식을 만든다는 것도 금시초문이었다.

"이 사람들이 이걸 먹어? 맛이 어때?"

"맛보시구려."

영규가 짓궂게 말했다. 그리고 큼지막한 덩어리 하나씩을 떼어 벌린 입에 넣어주었다. 일 초도 못 되어 두 늙은 여자는 기침을 하며 침을 뱉고 입을 닦으며 난리치듯 부엌 밖으로 뛰쳐나갔다. 한참 있다 진정한 후, 그 구역질 나는 덩어리에 대해 말들이 오갔다. 그들이 한참 버터에 대해 떠들썩하게 이야기하고 있을 때 선교사 부인이 나타났다.

"무슨 일입니까? 영규!"

"부인, 저도 어쩔 도리가 없었어요."

영규는 도망치는 아낙들을 향해 욕지거리를 퍼붓고 나더니 부인에게 말했다.

"글쎄, 저 여자들이 당신네가 개도 안 먹을 버터를 먹기 때문에 머리가 하얗게 세고, 말처럼 생긴 얼굴에다 밥주걱 코를 가졌다고 그러잖아요. 그래서 제가 한바탕 혼내주었지요. 그뿐이에요."

6. 한 알의 밀알이 썩기까지

심씨는 선교사 집에서 돌아오자마자 토마토 깡통에서 상표를 떼어내 벽에다 장식했다. 깡통은 신성한 주물을 모실 때 쓰는 나무조각이나 돌들을 담아놓기 위해 선반 위에 잘 모셔두었다. 그런 다음 창문에서 창호지를 조금 찢어내고 대신 유리 조각을 붙였다. 그러면 이 동네에서는 그럴듯한 양반집처럼 보일 것이다.

시간은 흘러 길쌈하는 철이 돌아왔다. 여자들은 틈틈이 일 년 내내 쓸 바느질실을 만드느라 바빴다. 심씨도 큰 목화 솜뭉치가 걸린 물레를 들고 길가로 나섰다. 험담하며 수다를 떨 말동무 생각이 간절해 문 밖에서 길쌈하는 두 여자와 섞였다. 솜을 끄집어내 손으로 비벼 긴 가닥으로 꼬면서 이야기를 나누는 그들은 여자들에게 주어진 숙명을 배우고 있는 것만 같았다. 그들 중 두 여자는 앞니도 빠지고 주름이 가득했으나 한 여자는 젊고 고왔다.

그 젊은 여인이 바로 보배였다. 보배는 심씨가 선교사 집에서 보고 들은 이야기를 할 때 별로 귀담아 듣지 않았다. 남편을 죽이려던 계획이 수포로 돌아간 후로는 더 이상 주문을 쓸 엄두가 나지 않았다. 보배의 머리는 언제나 도망갈 생각으로만 가득했다. 때로는 마귀가 귀에 대고 "독약을 먹여라, 독약을"이라고 속삭이는 것만 같았다. 그러고 나면 그 소리는 창공에 울려 퍼져 온 세상 사람들이 자기의 흉계를 아는 것만 같아 무서웠다. 다른 마귀는 "집에 불을 질러라. 그래서 타 죽게 해"라고 속삭였다. 보배는 술에 취해 곯아떨어진 남편의 이부자리에다 성냥을 그을 뻔한 순간이 한두 번이 아니었다. 그러나 막상 일을 저지르려고 할 때마다 무슨 힘인지 알 수 없는 것이 그녀를 막았다.

보배는 아무 희망도 없는 종살이와 남편에 대한 증오심으로 이를 악물며 하루하루를 겨우 지탱해나갔다. 요즘 들어 보배는 강에 빠져 자살하는 것에 대한 생각이 머리에서 떠나지 않았다. 그녀는 쉬지 않고 흐르는 강물을 물끄러미 바라다보곤 하였다.

'저 물살 속에 휩쓸려 들어간들 누구 하나 슬퍼해줄 것인가. 남편은 하녀를 구하면 될 테고… 그렇지. 그게 전부지. 왜 죽지 못해? 죽는 편이 차라리 낫지.'

심씨의 쟁쟁한 음성이 그녀의 공상을 허물어뜨렸다.

"그 남자는 마누라가 그 여자 하나뿐이래. 그뿐인 줄 알아? 자기 마누라를 아주 공주님같이 모시던 걸. 난 그런 꼴은 처음 봤네. 부엌에서 일하는 총각이 그러는데, 마누라 역시 그 남자가 일하기 편리하게 뒷바라지를 잘 해준대. 도무지 이해가 안 가."

"여기를 뭐하러 왔을까? 제 나라에서 살지 않구."

다른 여자가 물었다.

"새 교리를 가르치러 왔대. 그 서양 여자가 우리에게도 새 교리를 말하려고 했지. 어이구, 서양 말이 얼마나 요상한지 자네도 들었으면 배꼽을 뺐을거야. 무슨 소린지 알아들을 수가 있어야지. 하긴 들을 필요도 없지만 말야. 난 이 세상에 있는 교리란 교리는 다 알거든. 내세야 알게 뭐야? 아무튼 그 교리라는 것은 걱정 근심이 많은 사람들한테나 먹혀들겠지. 그 총각 말이 그 서양 사람들은 새 교리에서 마음의 평안을 얻는 것 같대."

'마음의 평안.'

보배는 이 말에 귀가 솔깃해졌다. 평안을 약속해주는 것이 있다면 무엇이든지 알고 싶은 생각이 굴뚝같았다. 보배는 물레를 들고 집으로 들어갔다. 설레는 마음으로 곰곰이 생각했다. 읍사무소까지는 멀지 않았다. '한 마장*쯤 될 테지. 어두워진 다음에 나갔다가 자정 넘

---

*약 10킬로미터

어 들어오면 아무도 모를 거야.'

그날 밤 보배는 읍내로 나는 듯이 걸어갔다. 집을 떠나 그렇게 먼 곳까지 가본 적은 한 번도 없었다. 그녀는 두려웠다. 그러나 평안을 찾고 싶은 마음이 훨씬 더 강렬했다. 예수쟁이들이 모이는 교회당이 어디 있는지 알지 못했지만, 한두 번 물으니 쉽게 찾을 수 있었다. 예배당이 가까워오자 이제까지 굳게 먹었던 마음이 약해졌다. '오늘 밤엔 모이지 않을지도 몰라. 아무도 없는 걸까? 만일 남자나 나이 많은 여자만 들여보내주면 어쩌나?'

문 밖에서 망설이며 서성대다가 다른 여자들이 들어가는 것을 보고 얼른 그 뒤를 쫓아갔다. 그러다가 문 앞에서 다시 멈칫했다. 길다란 건물 한쪽은 부인들과 처녀로 가득 찼고, 다른 쪽은 남자들과 총각들이 앉아 있었다. 그 사이에 쳐놓은 모시로 된 막이 저녁 공기에 흔들렸다.

불과 몇 걸음 떨어진 앞자리에 선교사가 앉아 있었고, 그 옆에는 조선 사람인 조수가 앉아 있었다. 보배는 그렇게 이상하게 생긴 사람은 처음 보았다. 생전 처음으로 까만색이 아닌 파란 눈을 보았다. 더욱 이상한 것은 밤색 머리카락과 희고 붉은 얼굴색이었다. 수염이 덥수

룩한데다 뿔이나 놋쇠 안경테가 아닌 아주 작고 그것도 테두리 없는 우스꽝스런 안경을 쓰고 있었다. 그의 옷은 모양이라곤 전혀 없었고 거친 옷감으로 만들어진 것이었다. 어찌나 옷이 꼭 끼어 보이는지 호기심보다는 얼마나 불편할까 생각하면서 처음의 두렵던 감정이 연민으로 바뀌었다.

보배가 다시 그를 쳐다보았을 때 그 이상한 얼굴에서 친절한 표정이 넘쳐흘렀다. 착하고 거짓이라고는 없어 보이는 그의 눈길이 앞에 모여 있는 여자들을 향했다. 여자들은 머리를 숙이거나 서로 몸을 숨기느라 웅크리지 않고 오히려 겁도 없이 고개를 들어 그를 마주 바라보았다. 그들의 눈에는 신뢰의 표정이 가득했다.

곧 선교사가 일어서며 말했다.

"기도하십시다."

그 말에 모두 고개를 숙였다. 기도하기 전 오랜 침묵이 흐르는 동안 보배는 여기 모인 사람들이 선교사를 숭배하는 줄로 알았다. 그 기도는 보배가 알아듣기 어려웠으나 사랑과 거룩함이 넘쳐흐르고 있음을 느낄 수 있었다. 기도가 끝난 후 그들은 찬송가를 불렀다. 보배는 듣고만 있었다. 그 노랫소리는 지금까지 들어본 소리가운데 가장 듣기 좋았다. 예수님의 사랑에 대한 찬송 가였다.

날 사랑하심, 날 사랑하심!

후렴이 반복되었다. 다음에는 선교사가 책을 펴 들었다. 그 입에서 흘러나오는 말은 하나같이 낯설고 놀랍기만 하였다.

하나님이 세상을 이처럼 사랑하사
독생자를 주셨으니
이는 누구든지 저를 믿는 자마다
멸망치 않고 영생을 얻게 하려 하심이니라.

수고하고 무거운 짐진 자들아 다 내게로 오라
내가 너희를 쉬게 하리라.

'고건 나 같은 사람을 말하는 거잖아.' 보배는 이렇게 생각하고 살짝 안으로 들어가 앉았다. 보배는 한 시간 반 동안이나 넋을 잃고 그 신기한 이야기를 들었다.

밤은 늦었고 달조차 없었다. 그러나 어찌된 일인지 보배는 어둡게 느껴지지 않았고 길은 조금도 멀게 느껴지지 않았다. 혼자였지만 외롭지 않았다. 이제 보배는 혼자가 아니었다. 보배 옆에 누군가 같이 걸었다. 보배의 손을 잡고 가여운 보배의 머리를 자신의 품으로 부드럽게 안아주시는 은혜롭고 따뜻한 분이 함께해주었다. 보배는 확실히 이해할 수는 없었지만 말로 표현하기 어려운 다정함을 온 몸으로 느꼈다. 부드러운 사랑의 손길과 빛이 보배를 감싸주었다. 보배의 마음에 알 수 없는 희망과 용기가 솟구쳐 올랐다.

보배는 집에 도착하자 아무도 모르게 방에 들어가 자리에 누웠다. 자리에 누워서도 행복감으로 눈을 뜬 채 몇 시간이고 깨어 있었다. 예배당에서 들었던 노래의 후렴이 귀에 계속 울렸다. "날 사랑하심, 날 사랑하심!" 평화와 기쁨의 눈물이 흘러 누워 있던 이불을 적셨다. 드디어 보배는 참된 친구를 찾았던 것이다.

보배는 몇 주일째 일요일과 수요일 저녁마다 읍내에 있는 예배당에 다녔다. 성경과 찬송가도 갖게 되었다. 유식한 여자들을 부러워하며 보배는 혼자 글을 배우기 시작했다. 도무지 가능성이라곤 없을 것 같던 글 읽기도

차츰차츰 나아져 간단한 뜻은 이해하게 되었다. 참으로 신기한 일이었다.

어느 날 밤, 교회에서 나와 서둘러 집으로 돌아가던 보배는 누군가 자신을 뒤쫓고 있다는 것을 느꼈다. 집들이 들어선 골목을 지나 수풀을 지나도록 검은 그림자는 계속 따라왔다. 집에 거의 도착했을 때 한 남자가 불쑥 나오더니 보배의 팔을 잡아 불빛이 있는 곳으로 끌고 갔다. 남편 만식이었다.

"이 모든 일이 어떻게 된 것인지 말해봐."

보배는 성경과 찬송가를 숨길 수가 없었다. 만식은 그것을 냉큼 빼앗아 불빛에 비추어보더니 한 장씩 갈기갈기 찢었다.

"오라. 바로 이거였구나. 너 읍내까지 가서 예수 교리 배웠어? 우리 집안 대대손손 망치려고 그러는 거지? 응? 가만 있자. 내가 직접 교리를 가르쳐줄 테니 어디 네 병을 낫게 하나 두고보자."

늘 그랬듯이 만식은 보배를 밀쳐 넘어뜨리고는 새끼줄로 묶었다. 그러나 예수를 믿기로 작정한 보배는 이번에는 누구의 도움도 필요하지 않았다. 반항도 하지 않고 조용히 누워 있었다.

"자, 말해! 그짓 또 할 거야? 응?"

만식은 굵은 몽둥이를 들고 보배를 윽박질렀다. 그러나 아무 대답이 없었다. 보배의 얼굴은 너무나 평화스러웠다. 보배는 놀랍도록 평안한 마음과 기쁨을 느끼며 남편에게 말했다.

"나를 때려 죽이든지, 내쫓든지 마음대로 하세요. 내 주님만은 포기할 수 없어요."

만식은 사정없이 매를 후려쳤다. 보배는 별로 고통을 느끼지 못했다. 오히려 예수님의 고난을 함께 나눈다는 마음으로 감사했다. 자신을 위해 그토록 무서운 고난을 감당하신 주님을 위해 작은 고통을 당한다고 생각하니 참으로 행복했다. 그대로 두었더라면 이성을 잃고 격분한 만식이 무슨 일을 저질렀을 것이다. 그때 옆집 남자가 매질 소리에 잠이 깨어 밖으로 나왔다. 두 집을 가로지른 흙담 너머로 그 남자가 말했다.

"이보게 만식이. 자네 그러다간 사람 잡겠네. 내일 아침 누가 밥을 차려주겠나, 이 사람아. 그 몽둥이 저리 치우고 이걸로 하게나."

그는 단단해 보이는 회초리를 던져주었다. 그 회초리가 다 부러져나가도록 보배는 매를 맞았.

"자, 맛이 어때? 이래도 예수 믿는 짓거리 계속할 거야?"

보배는 대답을 하지 않았다. 만식은 보배가 죽었다고 생각했는지 발로 툭툭 찼다.

"일어나. 그만큼 맞았으니 정신이 들어? 말해봐."

보배는 눈을 감은 채 입술을 움직였다.

"오, 예수님의 사랑, 오, 지극하신 사랑!"

만식은 맥이 빠진 듯 몇 발자국 물러섰다.

"야! 너 도대체 어떻게 된 거야. 너 정말 죽고 싶어?"

쉰 목소리로 만식이 고함을 질렀다.

"하나님의 뜻이 아니라면 죽고 싶지 않아요."

보배는 더 이상 아무 말도 하지 않고 움직이지도 않고 도망가려고 하지도 않았다. 만식은 한참 내려다보더니 허리를 굽혀 새끼줄을 끊어주었다. 그리고 보배가 비틀비틀 일어나 기다시피 집 안으로 들어가는 모습을 지켜보았다. 만식은 그후 며칠 몇 주 동안 보배를 지켜보며 이상한 생각이 들었다. 다시 보배를 때리는 일은 없었다. 하지만 보배를 달래고 시험해보기 위해 온갖 비열한 꾀를 다 짜냈다.

보배는 읍내에 갈 수가 없었다. 자신의 어려운 처지

를 헤쳐나갈 힘과 용기를 얻을 길이 없었다. 보배가 어렵게 얻어서 간직하던 성경을 만식은 결국 찾아내 갈기갈기 찢어버리거나 아궁이에 던져넣었다. 때로 만식은 몰래 집으로 들어와 기도하고 있는 보배를 놀래키기도 했다. 발로 차거나 머리를 방바닥에 쿵쿵 찍는 것으로 재미를 삼았다. 그러나 그럴수록 보배의 마음은 더욱 평온해졌다. 오히려 그토록 자신에게 모질게 구는 남편을 위해 기도할 수 있는 것이 기뻤다. 피를 말리는 것같던 남편에 대한 증오가 사라졌다. 다만 남편이 예수님을 구주로 받아들일 수만 있다면 아무것도 바랄 것이 없었다.

보배는 아직 남편에게 들키지 않은 마가복음 몇 장을 가지고 있었다. 날마다 숨기는 곳을 바꾸어가며 들키지 않으려고 애를 썼다. 다듬잇돌 밑에 이틀쯤 두었다가 다시 부엌 물독 뒤에, 또 부엌 선반 위에 가지런히 놓아둔 그릇 밑에, 때로는 멍석 밑에 깔아두기도 했다.

그런데 하루는 성경이 온데간데 없어졌다. 일주일쯤 찾았으나 허탕이었다. 분명 남편이 찾아내어 아궁이 속으로 던졌구나 싶어 보배는 몹시 안타까웠다. 그런데 그것이 반짇고리에서 나오는 것이 아닌가? 도무지 거기에 둔 기억이 없었다. 게다가 누군가 보기라도 한 것처럼 손자국이 선명하게 나 있었다.

만식은 보배를 계속 지켜보면서 이상한 생각이 들었다. 그는 불안해졌다. 아무 불평 없이 자기의 시중을 들어주는 이 자그마한 여자가 자기에게는 없는 그 무엇을 가지고 있다는 것을 알게 되었다. 평온한 마음과 생기 있는 눈동자. 아무리 애를 써도 보배의 그것을 없앨 수가 없었다. 보배가 귀신한테 관심이 없어진 것도 확실했다. 귀신들 비위 맞출 생각도 하지 않았고 좋은 징조든 나쁜 징조든 무엇도 개의치 않았다. 온 우주가 숱한 마귀로 우글거리고 있는 것을 전혀 믿지 않는 듯 평온을 잃지 않았다. 죽음에 대한 공포심도 없어진 것이 분명했다. 겁 없이 병자의 임종을 지켜보았고, 장례를 위해 시신도 만지며 돌보아주었다. 도무지 이해할 수 없는 일이었다. 어느 순간 만식은 자신도 모르게 보배에 대해 경이로움을 갖기 시작했다.

어느 날, 술집에서 늦게 돌아온 만식은 아랫목에 팔다리를 대자로 벌리고 누웠다. 창호지 문 가까이에 앉아 바느질을 하고 있던 보배는 만식이 잠들었다고 생각했다. 얼마 후에 보배는 나지막하게 찬송을 부르기 시작했다.

"예수의 피밖에 없네."

"거 무슨 소리야?"

만식이 불쑥 물었다. 당황한 보배는 찬송가라고 말하기가 겁이 나 한참을 머뭇거리다가 겨우 말했다.

"왜 싫으세요?"

"아니, 괜찮아. 싫지 않아."

만식은 전에 없던 너그러움을 보이며 겸연쩍게 말했다.

보배는 그후부터 일하면서 찬송가를 부르곤 했다. 그러나 너무 자주, 크게 부르지 않으려고 조심했다. 다시 만식의 비위를 건드릴까 마음이 놓이지 않았기 때문이었다.

만식은 곰곰이 생각했다. 이 새 교리가 보배에게 정말로 도움이 된다면 이승을 위해서든 저승을 위해서든 별로 반대할 필요가 없겠다고 마음먹었다. 다만 그 교리를 서양놈을 통해서 얻었다는 것이 못마땅했다.

"그 미개한 놈들 하나같이 없애야 돼. 그 놈들은 우리 땅만 뺏으러 온 게 아니라 여편네들 대가리에 어리석은 공상까지 불어넣어준다니까. 우리 교리보다 더 좋은 게 어디 있담? 우리 공자 같은 분이 제 나라에 있을라구?"

만식은 공자라는 이름을 생각해내자 별별 생각이 다 떠올랐다. 어떤 계획이 떠오르자 점점 구체적으로 머리를 짜냈다. 지금의 난잡한 생활을 당분간이라도 우선 고치고 공자 숭상에 열심을 내서 마음의 평안도 얻고 내세에 대한 확신도 얻을 수 있을지 알아보기로 결심했다. 읍에 나가면 공자를 모시는 사당이 있었다. 제사를 드리는 날은 항상 개방이 되었지만 만식에게는 문제가 있었다. 양반이나 학자만 들어가 제사를 드릴 수 있었기 때문이었다. 그는 양반도 학자도 아니었다. 그러나 친구 중에 몇몇 세도가도 있었고, 돈만 있으면 품팔이꾼도 금방 양반이나 학자 행세를 할 수 있는 세상이니 만식은 풍작으로 번 돈을 다 긁어 천 냥을 만들어 읍으로 나섰다. 무슨 수를 쓰든 양반이나 학자의 신분이 되고 싶었다.

높은 신분이 되는 데는 시간과 돈이 필요했다. 한 달이 지나자 가져온 돈이 바닥났다. 그러나 성공의 가능성이 밝아 보여, 기분은 거의 양반이 된 듯했다. 이쯤 되었을 때 권력층에 있는 사람들이 만식의 족보를 보자고 요구했다. 그가 두려워하던 것이 바로 족보였다. 임기응변으로 적당히 얼버무리고 뒤로 미루고 하던 것이 다 헛수고였다. 그들은 끝내 족보를 보이라고 다그쳤다. 만식은 그것을 가짜로 꾸며내야 했고, 6대 이상의 조상 이름을 거론할 수가 없었던 것이다.

결국 만식은 조롱과 비웃음거리가 되고 말았다. 지금이라도 그들에게 만족할 만한 뇌물을 쥐어주면 자신의 뜻이 이루어질 수도 있었지만, 이미 돈은 다 써버린 뒤였다. 화가 치밀어 무슨 일에든 태연자약해야 한다는 유학의 가르침을 저버리고 마구 욕지거리를 퍼부었다. 욕설까지 하니 일이 잘될 리는 더욱 없었다. 한참을 싸우다가 만식은 문 밖으로 떠밀쳐졌다. 그의 흰 구두짝이 날아가 진흙 속으로 떨어졌다. 말총으로 만든 빳빳한 갓이며 손수건이며 담뱃대들이 그의 귀 언저리에 너저분하게 깔렸다. 가식이 벗겨지고 인간 방만식의 적나라한 모습이 드러났다. 예비 유생이긴 하였지만 그것은 만식에게 치욕이었다. 그는 술을 곤드레만드레 퍼마시고 조왕리로 돌아가 평생 그곳에서 살겠다고 마음먹었다.

우선 진흙탕에서 구두를 주워 신고 머리 망건과 갓을 고쳐 쓴 다음 술집을 향해 길을 걸어가다 이상한 소리를 듣게 되었다. 소리나는 데로 따라가니 그곳은 어느 집 조그만 뜰이었다. 늘 미워하던 서양 사람과 한국 사람 하나가 서로 번갈아가며 사람들을 앞에 두고 말하고 있었다. 하나님이 길 잃은 세상 사람들을 사랑하신다는 얘기였으나 만식은 귀담아 듣지 않았다. 얘기가 끝난 뒤 만식은 거친 음성으로 물었다.

"당신 어디서 왔소? 여긴 왜 왔소?"

"나는 바다 건너 서양에서 왔습니다. 나는 참 하나님과 세상의 구세주이신 그 아들 예수 그리스도를 전하기 위해 왔습니다."

선교사는 조용히 대답했다.

"하나님이라?"

만식은 경멸조로 받아넘겼다. 우그러진 갓과 만신창이가 된 구두꼴을 했지만 그는 오만함과 자부심을 가지고 어깨를 쭉 폈다. 그리고 자기 배를 툭툭 치며 말했다.

"난 이것으로 충분하지요. 이것이 내 하나님이니까."

"영원한 생명을 얻기에는 그것으로 충분하지 못합니다."

선교사는 여전히 낮고 조용한 음성으로 말했다.

"그렇습니다. 맞고 말고요."

모인 사람들이 웃어대자 만식은 다시 한 번 망신을 당한 꼴이었다.

"도대체 당신네들 교리에 무슨 좋은 점이 있단 말이오? 우리한테 무슨 유익이 있다는 거요?"

만식은 기가 죽어 물었다.

"대단히 많습니다. 모든 면에서 유익합니다."

선교사는 사도 바울의 말을 인용하여 짧지만 신중하게 복음의 진리를 말했다. 만식은 이해를 못하겠다는 듯이 이맛살을 찌푸리며 옆에 서 있던 선교사를 돕는 한국 사람에게 물었다.

"무슨 소리를 하는 거요? 난 하나도 못 알아듣겠는데."

"우리, 같이 얘기 좀 할까요?"

그 남자는 만식을 데리고 가 한쪽 구석에 같이 앉았다. 그들이 자리에서 일어났을 때는 날이 어두워지고 있었다. 선교사도 자리를 뜨고 군중들도 흩어진 지 오래였다. 집으로 가기에는 너무 늦은 시간이어서 만식은 주막으로 들어갔다. 그는 무릎 사이에 고개를 파묻고 앉아 꼬박 밤을 지새웠다. 이튿날 오후가 되어서야 만식은 자리에서 일어나 집으로 발걸음을 향했다.

한 달 전 만식이 집을 떠날 때 보배는 그가 어디로 가는지 왜 가는지 얼마나 오래 걸릴 것인지에 대해 한 마디도 듣지 못했었다. 보배는 매일 만식을 위해 기도하며 그를 기다렸다. 그날 저녁도 방 안에 엎드려 기도를 하고 있었다.

"하나님! 남편도 구세주를 알게 하시고 당신의 온유하신 통치를 받게 해주옵소서."

보배는 눈물을 흘리며 간구하였다. 모성애와 같은 높은 사랑이 가슴에 밀려왔다. 그때 귀에 익은 발자국 소리가 들려왔다. 보배는 늘 그랬듯이 무지막지한 발길질이나 손찌검이 날아오려니 생각하고 엎드린 채로 가만히 있었다. 그러나 발길질도 주먹질도 없었다. 오랫동안 침묵이 흘렀다. 그러다 어깨 위로 부드러운 손길을 느꼈다. 평생 한 번도 느껴보지 못한 따스한 손길, 용서를 바라는 듯한 그 손길은 떨고 있었다. 그것은 깊은 음악처럼 보배를 휘감았고, 보배의 온 몸은 기쁨으로 떨렸다.

"여보, 나도 당신의 구세주를 만났소! 내가 얼마나 짐승 같은 놈이었는지 깨닫게 되었소. 그 동안 당신에게 짐승보다 더 못된 짓을 했소."

또다시 긴 침묵이 흘렀다. 하지만 보배는 움직일 수 없었고 단 한 마디의 말도 할 수 없었다. 만식은 천천히 입을 열었다.

"당신이 나를 떠나고 싶으면 남은 재산을 쪼개어 쓸 만한 집 한 칸을 마련해주겠소. 만일 떠나지 않고 남아준다면…."

만식은 목이 메이는지 잠시 쉬었다가 다시 이었다.

"만일 같이 살아줄 수 있다면… 내 꼭 약속하오. 절대 손찌검도 안 하고 따뜻한 손길만을 주겠소."

이것은 모두 한순간에 이루어졌다. 그 한순간에 기적이 일어난 것이었다. 사랑받지 못하고 사랑하지 못했던 보배의 삶에 깊게 웅어리진 모든 상처들이 한순간에 녹아 사라져버렸다. 황폐한 땅과 같던 보배의 가슴에서 향기로운 꽃이 피어나기 시작했다. 그것은 바로 사랑을 받고 사랑을 주는 힘이었다.

드디어 보배가 남편을 올려다보았다. 만식은 멀찌감치 물러나 고개를 숙이고 있었다. 마치 부모님이나 존경하는 어른 앞에 서 있는 듯한 모습이었다. 보배는 무릎을 꿇은 채 남편에게로 기어갔다. 만식이 황급히 다가와 보배를 일으켜 세웠다. 그들은 서로의 눈을 들여다보며 잠시 그대로 서 있었다. 그러더니 만식이 천천히, 다정스레 보배를 품에 안았다. 그들은 같이 무릎을 꿇었다. 기도 소리와 사랑의 말이 띄엄띄엄 입에서 흘러나왔다.

두 줄기 눈물이 두 사람의 뺨을 적셨다.
 그들은 어떤 생명도 자랄 수 없는 거친 광야같던 삶에서 벗어나 행복의 보금자리를 함께 지어가기 시작했다.

7. 죄악의 사슬을 끊고

이제 보배는 마음대로 찬송을 불렀다. 새벽녘, 어두컴컴한 부엌에서 일하면서 부르는 보배의 노랫소리를 들으며 만식은 흐뭇한 미소를 지었다.

"우리 아내의 노랫소리는 종달새보다 더 아름다운 걸. 아침마다 노래를 타고 천국으로 날아 올라가는 것같아."

그후로 둘이서만 있게 되면 만식은 보배를 자기의 '종달새'라고 부르곤 했다.

만식과 보배는 읍내 교회까지 함께 걸어다녔다. 믿음의 형제들과 은혜로운 시간을 가지며 온종일 교회에서 지냈다. 진리에 대한 목마름을 달랠 길이 없었기 때문이다. 그러나 그들은 자기들만의 행복으로 그치지 않고 자신들이 찾은 구원의 손길을 여러 사람에게 알리고 싶었다. 그래서 틈이 날 때마다 전도를 했다. 코웃음치는 사람들, 비웃는 얼굴로 빈정거리는 사람들을 수도 없이 만났다.

"당신들 미쳤구먼?"

그러나 그 중에는 떨리는 마음으로 그 말이 진실일 거라는 희망을 가지고 주의 깊게 듣는 이들도 있었다. 하나님은 꺼져가는 등불에 힘을 불어넣으셔서 더욱 세차게 타올라 완전한 생명으로 살아나게 하셨다.

얼마 지나지 않아 매일 저녁마다 만식의 집에서 새 교리를 배우는 모임이 시작되었다. 만식은 교회에서 들은 말씀을 사람들에게 다시 설명해주었다. 그리고 나면 그들은 남녀노소를 막론하고 누구에게나 위로를 주는 찬송가를 불렀다. '비바람이 칠 때와', '만세반석 열리니', '웬말인가 날 위하여' 등을 즐겨 불렀고, 새로운 곡 중에는 '만왕의 왕 내 주께서', '내 구주 예수를 더욱 사랑' 등이 있었다. 아무도 악보를 볼 줄 몰랐기에 제대로 부르지는 못했다. 그래서 믿는 자들의 기쁨이 느껴지기보다는 오히려 서글픈 곡조가 되었고, 그들의 목소리는 떨렸다. 그러나 그들은 겸손하고 진실한 마음으로 하나님을 찬양했다.

찬송가를 부르고 나면 기도의 순서로 이어졌다. 모인 사람들의 마음마음마다 하나님의 은총을 바라는 간절함이 가득 흘러넘쳤고, 열정적인 기도로 자신들의 마음을 쏟아부었다.

매일 저녁마다 사람들이 늘었다. 방은 물론 부엌마저 사람들로 가득 차게 되었다. 보배는 동네 사람들이 복음을 받아들이는 것이 말할 수 없이 기뻤다. 그러나 한편으로는 친정 식구들에 대한 그리움과 허전함을 감출 수가 없었다. 아버지와 오빠들, 연로하지만 아직 살아 계신 할아버지에게도 이 기쁜 소식을 전하고 싶었다.

보배는 만식과 상의한 끝에 성경과 찬송가 몇 권, 전도 책자 등을 싸들고 보배가 태어난 고향을 향해 출발했다. 오래전 어린 신부의 몸으로 그곳을 떠난 이후 한 번도 가보지 못한 곳이었다.

보배와 만식은 일주일 동안 머물면서 식구들과 친척들에게 전도하였다. '생각해보겠다'는 다짐을 받고서야 보배와 만식은 할아버지 김 노인을 모시고 집으로 돌아왔다. 보배 내외는 이제 돌아가실 때까지 할아버지를 모실 생각이었다. 김 노인은 걸음도 제대로 못 걷고 귀도 멀어 하나님 말씀을 듣는 것조차 어려웠다. 그러나 단 한 가지, 예수님이 자기를 위해 피 흘리신 것만은 알게 되었다.

처음 그 집에 왔을 때 김 노인은 양지바른 곳에 앉아 오랜 세월 불러온 그 노래를 예전처럼 흥얼거리곤 했다.

울뚝불뚝 저 언덕 고개
나 죽으면 저곳으로 가리.

그러자 보배는 곧 후렴을 다른 가사로 바꾸어 할아버지가 '울뚝불뚝'을 시작하면 얼른 할아버지 귀에 대고 크게 말했다.

"아니 할아버지, '울뚝불뚝' 하시지 말고 '따라 따라' 하세요. '따라 따라 예수 따라가네' 하세요."

김 노인은 '울뚝불뚝'이라는 가사를 조금씩 잊어갔다.

마을 사람들 중에 여전히 복음을 배척하는 이들이 있었는데 바로 고판수와 심씨였다. 고판수는 고통 속에 있었다. 예수 교리는 나중에라도 들을 수 있었지만, 눈 앞에서 볶아대는 빚쟁이들을 피할 도리는 없었다. 남의 돈을 빌려 투기 사업을 하다 비참한 결과를 맛보았고, 사방에서 돈을 되찾으려는 빚쟁이들에게 쫓기고 있는 판이었다. 그에게 남은 유일한 희망은 사탄이었다. 고판수는 다시 한 번 산 속의 동굴로 들어갔다.

이레 동안 아무것도 먹지 않고 한숨도 자지 않으며 있는 노력을 다해보았지만 허사였다. 또다시 이레를 더 지냈지만 그 또한 헛수고였다. 그렇게 시도하기를 거듭하다 결국 35일이 지나갔다. 하지만 사탄은 그에게 아무런 힘도 주지 않았다. 심씨는 63일을 밤낮으로 견뎌내다가 결국 그토록 갈망하던 사탄의 힘을 얻게 되었다던데 고판수의 몸은 더 이상 견딜 수가 없었다. 나뭇가지로 눈꺼풀을 받친 채 겨우 의식을 지탱할 수 있었지만, 기도 소리는 이미 앞뒤도 없는 중얼거림이 되어 의미 없는 바람소리처럼 들렸다. 곧 죽을 것같이 기진해지면 바로 풀뿌리에 쳇가루를 섞어 먹고 기운을 차렸다.

억지로 이레를 더 견뎌냈다. 그는 산 송장에 가까웠지만 여전히 사탄의 방문도, 힘을 얻었다는 느낌도 없었다. 평생 섬기던 주인에게서 버림을 받은 셈이었다. 어쩌면 사탄이 그를 죽이려고 하는 것인지도 몰랐다. 이레를 더 있다가는 아마 사탄이 자기를 죽이겠구나 싶어, 고판수는 나뭇가지가 쌓여 있는 곳으로 벌벌 기어가 좁쌀로 밥을 지어 싹싹 긁어 먹고 그대로 바닥에 뻗은 채 잠이 들었다. 얼마 동안 잤는지 알 수 없었다. 정신이 들자 그는 집으로 걸음을 향했다. 빚쟁이들의 독촉을 어떻게 감당할지 아무 생각도 나지 않았다. 죄 값으로 내려질 형벌이 두려웠다. 감옥, 쇠사슬, 매질, 옷을 몽땅 벗기는 굴욕, 얼려 죽이기, 굶겨 죽이기 등 온갖 무서운 벌들이 눈앞에 떠올랐다. 그러나 도망갈 길은 어디에도 없었다.

그가 마을 어귀에 도착했을 때는 이미 날이 어두워진 후였다. 저녁마다 예배를 드리는 사람들이 작은 무리를 지어 만식의 집으로 모여들고 있었다. 고판수는 사람들이 다 들어갈 때까지 이리저리 시간을 보내다가 예배가 시작되자 몰래 다가가 집 안을 엿보았다.

'이상한 일도 다 있네. 모두가 옛날부터 알아왔던 사람들인데 얼굴들이 저렇게 달라졌나? 이 서방, 박 서방 못된 짓 저지른 죄를 다 아는데 지금 저 얼굴들을 봐. 아주 다른 얼굴이야.'

그들의 얼굴에는 고판수 자신에게서는 찾아볼 수 없는 평화로움과 기쁨이 넘치고 있었다. 이전에 있던 미움과 메마름의 흔적은 어디에도 없었다. 고판수는 자신을 제외한 모든 사람들이 평화와 위로와 고요한 확신을 찾았다고 생각하니 갑자기 절망감과 무서운 공포감이 엄습했다. 그는 힘 없이 발길을 돌렸다. 그리고 뭔가를 결심했다. 집에 도착한 그는 집 안이 아닌 헛간으로 들어가 손으로 더듬어 말 꼬리로 만든 줄을 찾아 대들보에 묶었다.

'저승이 아무리 어둡고 캄캄해도 이렇게 고통스런 지금보다는 낫겠지. 차라리 죽자. 이제 끈만 당기면 다

끝나는 거야.'

바로 그때였다. 마당에서 발자국 소리가 났다. 문틈으로 거시기가 보였다. 그녀는 작은 그릇에 깨끗한 물을 떠와서 큰곰자리를 이루는 북두칠성의 맑은 기운이 물 위에 내려앉도록 놓은 다음, 그릇에 대고 절을 하며 비통한 어조로 같은 말을 되풀이했다.

"하나님이여, 하나님이여, 주 예수 그리스도를 믿게 도와주시옵소서!"

고판수는 너무나 놀라 잠시 얼어붙은 듯 서 있었다. 그러더니 큰 소리를 지르며 줄을 집어던지고는 아내가 있는 곳으로 뛰어갔다.

"거시기, 나도 예수 믿고 싶어. 나한테도 좀 가르쳐 줘!"

아내 거시기의 표정이 다시 어두워졌다.

"예수를 믿어도 아들이 안 생기면 어떡할래요?"

"아들을 낳으면야 좋지. 그렇지만 딸도 상관없어. 딸이든 아들이든 다음 아이 이름은 '반갑이' 라고 부르지."

고판수는 아내를 데리고 집으로 들어가며 씩씩하게 말했다.

그후 며칠 동안 고판수의 생애에 결코 잊지 못할 정

신적인 변화가 일어났다. 그 변화는 너무나 크고 놀라운 것이었다. 이상하게도 항상 무서워하며 섬겨왔던 옛 주인이 극도로 미워졌다. 그러나 새로운 주님, 그를 어디서 어떻게 찾아야 할지 몰랐다. 그는 과거의 이상과 신념이 완전히 허물어져버린 죄악의 성에서 더듬더듬 하나님을 찾았다. 그는 한없는 은혜로 자신을 끌어당기시는 하나님의 강한 손길을 느꼈다.

고판수는 과거와 철저하게 손을 끊으리라 결심했다. 큰북이야말로 죄악과 속임수로 점철된 과거의 삶을 대표하는 것이라 생각하고 그 북을 발로 차 가죽을 찢은 다음, 도끼로 참나무 북채를 찍어 산산조각을 냈다. 이젠 사탄과 대화를 나누는 길이 없어져버렸다. 돌이킬 수도 없었다. 생계 수단이 사라진 것이었다.

'어떻게 살아간다? 앞으로 어찌될 것인가?'

이때 만식이 고판수를 찾아왔다가 산산조각난 북 조각들을 주워 모은 다음 그를 자기 집으로 데려갔다. 그곳에서 저녁 예배 시간이 될 때까지 그들은 같이 손을 잡고 기도하며 눈물을 흘렸다. 만식은 자기가 알고 있는 대로 최선을 다해 성경 말씀을 전해주었다. 고판수의 영적인 눈이 서서히 새 빛을 보기 시작했다.

저녁 예배에 사람들이 모여들자 고판수는 가장 먼저 일어나 그들 앞에 섰다. 이제 그는 사람들이 예전에 알고 있던 사탄을 숭배하는 장님이 아니었다. 모든 기만과 거짓의 허울을 벗어버린 겸손한 하나님의 어린아이였다.

고판수가 참회의 고백을 마치자 만식이 일어섰다. 조각난 북 조각들을 내밀며 빚더미에 올라앉은 그의 처지를 설명해주었다. 사람들의 마음이 하나로 녹아들었다. 한 노부인이 자리에서 일어서더니 흰 양단 두루마기를 벗어 남자 자리와 여자 자리를 나누는 얇은 천 너머 고판수 쪽으로 던지며 말했다.

"이거라도 도움이 되게 쓰시오."

고판수는 땅에 엎드려 소리내어 흐느꼈다. 다른 여자들도 반지, 은비녀, 옥비녀, 머리 장식들을 벗어 휘장 너머로 계속 던졌다. 고판수를 짓누르던 무거운 짐이 점점 가벼워졌다. 여러 사람들의 스스로 원한 자선이었다. 비록 비녀를 빼어 여자들의 머리나 옷매무새는 조금 흐트러졌지만, 그 장면은 한 폭의 아름다운 그림같았다.

고판수 생애에 이런 일은 처음이었다. 겨우 목소리를 가다듬어 그는 입을 열었다.

"나는 여러분이 밖으로 차버렸어도 할 말이 없는 놈입니다. 이건 정말… 제 가슴이 메입니다. 이 세상에 이런 인정이 있다는 걸 저는 몰랐습니다."

그는 계속 흐느꼈다. 만식이 조용히 말했다.

"하나님을 알기 전엔 우리도 몰랐습니다. 이것이 다 하나님의 사랑이니까요."

8. 귀신을 내어쫓는 무당

그후 며칠이 지난 어느 날 새벽이었다. 심씨는 사람 해골을 손에 들고 고판수 집을 지나가고 있었다. 그 전날 밤 해골을 산등성이에 놓았다가 새벽 이슬을 받아 가지고 돌아오는 길이었다. 이렇게 이슬을 많이 받았다가 학질 처방으로 비싼 값에 팔곤 했다. 심씨가 고판수의 집을 지나칠 때 마침 그가 마당에 나와 있는 것을 보았다. 고판수가 눈을 뜨고 있는 것을 보고도 심씨는 놀라지 않았다.

"여보게, 젊은이. 이젠 그만 속이기로 했나? 그래 벌이가 더 좋은 일을 찾았나보지?"

그녀는 거드름을 피우며 말했다.

"네, 찾았습니다. 저한테 아주 큰 도움이 되었으니 아주머니한테도 도움이 될 거예요. 한번 해보라고 말씀드리고 싶네요."

고판수는 자신감 넘치는 목소리로 대답했다.

"도대체 그게 뭔가? 뭐 좋은 거 있으면 나도 한몫 끼자고. 난 언제나 자네 친구였잖은가."

심씨가 다가오자 고판수는 마지막 말을 못 들은 척하며 주저 없이 말했다.

"예수 교리에요."

심씨는 놀란 표정으로 고판수를 노려보더니 차갑게 말했다.

"자네 굴 속에 너무 오래 있었군 그래. 제 정신이 아니야. 예수 교리? 흥!"

그러더니 갑자기 열을 올리며 입에 거품을 물었다.

"이봐, 예수 교리는 당신이나 내 장사를 망치는 거야. 지금 이대로 가다가는 굶어 죽고 말 걸? 하지만 어디 두고 보라지. 얼마나 오래 가나. 예수 교리는 금방 식어 버릴 거라고. 모두들 하나같이 멍청한 밥통들이야. 자네도 똑같아. 나는 오늘 밤이라도 방만식이 집에 갈 수 있어. 내가 손끝만 까딱해도 전부 다 나한테로 다시 몰려들 걸."

"그렇게 해보시지요. 꼭 해보세요."

심씨와 맞부딪히는 걸 늘 꺼려왔던 고판수였지만 오늘은 두려울 것이 없었다. 심씨는 무서운 눈으로 고판수를 노려보면서 가버렸다.

그날 밤 해골을 들고 다시 산으로 갈 때도, 다음 날 아침 해골을 챙겨 다시 지나갈 때도 그 대화는 되풀이되었다. 심씨는 여전히 고판수에게 욕을 해댔으나 그는 용감하게 자신의 믿음을 지켰다.

심씨는 모든 일이 다 분하고 신경에 거슬렸다. 오랫동안 그녀는 폭군처럼 마을 사람들을 마음대로 좌지우지해왔었다. 이제 다시 자신의 힘을 보여주리라 마음먹었다. 사람들이 보기만 해도 무서워 떨던 푸닥거리 옷을 잘 차려 입고 한 손에는 부채, 다른 손에는 작은 놋방울을 들고 만식의 집으로 당당하게 걸어갔다. 늦은 시간이었음에도 방 안은 사람들로 가득했다.

심씨는 당당하게 문을 박차고 들어가 가운데 떡 버티고 앉았다. 그녀는 자신의 존재만으로도 예수 교리가 제압될 수 있다고 믿었다. 기회를 봐서 보란 듯이 한번 혼을 내줄 심산이었다.

고판수는 심씨를 바라보며 첫 번째 기회를 놓치지 말아야 할 것과 방어보다는 공격이 중요하다고 생각했다. 속으로 계속 하나님께 힘을 달라고 간구하던 고판수는 벌떡 일어나 심씨를 위해 큰 소리로 기도하기 시작했다. 조금도 주저하지 않고 심씨의 죄상을 낱낱이 하나님께 알렸다.

바로 그 순간이었다. 심씨는 하나님을 느꼈다. 모든 것을 다 보고 계시는 순결하고 의로운 하나님의 눈으로 자신을 보게 되었다. 고판수의 기도는 계속되었다. 삼척

동자도 다 아는 심씨의 지난날 잘못을 고백하며, 하나님의 무한한 자비로 잃어버린 바 된 이 불쌍한 영혼을 구해달라고 간절히 구했다.

고판수가 기도하는 동안 다른 사람들도 엎드려 함께 기도했다. 애끓는 중보의 신음 소리와 탄식이 방 안을 가득 메웠다.

오직 심씨만이 허리를 꼿꼿이 세우고 앉아 있었다. 마치 돌부처같았다. 갑자기 심씨는 자신의 힘으로는 도무지 저항할 수 없는 강력한 세력에 떠밀린 듯 벌떡 일어나 입은 옷들을 찢고 부채와 방울을 내동이친 후 엎드려 있는 사람들을 밀치고 밖으로 뛰쳐나갔다.

심씨는 정신없이 뛰어서 집으로 돌아와 방바닥에 쓰러졌다. 지난날 지은 죄들에 대한 무시무시한 환상이 눈앞에 펼쳐졌다. 지은 적이 없다고 부인하고 변명했던 죄들, 오히려 지은 것을 기쁨으로 여기고 자랑하던 죄들, 아무도 모르고 누구도 알 수 없을 만큼 몰래 지은 죄들, 살인, 간음, 음란, 사기, 온갖 종류의 거짓말과 속임수 등 끔찍한 죄들이 떼를 지어 그녀를 에워싸고 멱살을 잡은 채 지옥으로 끌어가려고 했다.

심씨는 하나님의 얼굴을 보았다. 진노에 찬 위엄 있

는 모습이었다. 심씨는 자신과 하나님의 용서 사이에 죄악의 산이 가로막고 있는 것을 알았다.

심씨는 괴로움 속을 헤맸다. 며칠 동안을 먹지도 자지도 못하며 끙끙 앓았다. 믿음의 형제 자매들이 한 사람씩 돌아가며, 또 여러 사람이 짝을 이루어 찾아가 짓이겨진 그녀의 영혼에 사랑의 향유를 발라주었지만, 그녀의 상처는 조금도 차도가 없었다. 용서와 평안에 관한 이야기로 위로해주었으나 심씨는 자기 같은 큰 죄인에게는 그 아름다운 말이 해당되지 않는다고 생각했다.

드디어 구원의 손길이 찾아왔다. 어느 날 거시기가 반갑이를 등에 업고 밝은 얼굴로 심씨를 찾아왔다. 그리고 둘둘 만 종이를 펴보였다. 그것은 고판수가 정성을 다해 큼지막하게 쓴 짧은 구절이었다.

'예수 그리스도를 기억하십시오.'

그 글을 조용히 응시하던 심씨에게 또 다른 환상이 펼쳐졌다. 거대한 죄악의 산 너머로 십자가에 못 박히신 구세주가 보였다. 너무나 순결하고 사랑스럽고 연민의 눈빛으로 가득한 모습이었다. 자비로운 그분이 얼굴을 돌려 심씨를 돌아보시자 심씨도 눈을 들어 그분을 우러러보았다. 그 순간 거대한 죄악의 산이 무너져 내려 점점 작아지더니 시야에서 사라지고 하나님께로 가는 길이 환하게 열렸다. 심씨의 얼굴에는 폭포 같은 눈물이 쏟아졌다. 그것은 공포와 절망이 아닌 회개와 감사와 평안과 기쁨의 눈물이었다. 낮이 지나고 어둠이 찾아올 때까지 그녀는 통곡했다. 바로 그날 한밤중에 그분이 찾아오셨다. 눈부신 흰옷을 입으신 장엄한 분이 부드러운 음성으로 말씀하셨다.

"내 딸아 울지 마라. 이제 남은 생애는 나를 위해 사랑의 헌신을 하게 될 것이다."

이때부터 심씨는 마치 사도 바울처럼 한때 파괴하는 데 열을 올렸던 믿음을 앞장서서 설파하는 신앙의 수호자가 되었다.

심씨는 성격상 대충 얼버무리는 사람이 아니었다. 이제 사탄과 헤어졌으니 그 인연을 완전히 끊어야 한다고 생각했다. 방 안과 마당 구석구석에서 귀신을 섬길 때 쓰던 추악한 물건들을 꺼냈다. 최근의 것도 있었지만 대부분 몇 년 동안 한자리에서 썩어가고 있던 것들이었다. 낡은 짚신짝, 더러운 걸레 조각, 주문이 써 있는 종이 조각, 사람의 뼈, 짚으로 만든 귀신 허수아비, 항아리 조각, 깨진 접시들, 울긋불긋한 귀신 옷들이 쏟아져나왔다. 비단과 무명으로 만든 그 옷들은 귀신들이 찾아와서 보고 마음에 들기를 바라며 어두컴컴한 구석에 숨겨놓은 것들이었다.

마당 한가운데 산더미같이 쌓아놓은 이 쓰레기 더미 위에 점을 볼 때 쓰던 온갖 기구들과 무당 옷, 부채, 방울을 얹었다. 그리고 심씨가 영원히 잊지 못할 그날, 바로 만식의 집에 쳐들어갔던 날 내동댕이쳤던 그 물건들까지 하나도 남김없이 얹었다. 어린아이의 몸이라고 속일 때 사용하던 털을 몽땅 뽑아 말린 개의 사체, 만병통치약이라고 속여 팔던 알약과 가루, 차마 말로 할 수 없는 더러운 것들을 섞은 고약들 그리고 마지막으로 사람의 해골을 올려놓았다. 그 동안 심씨는 이 해골에 이슬을 받아 모았다고 했지만, 급하면 강물로 채웠음을 고백했다.

이 특별하고 엄청난 집안 청소가 끝나고 귀신 숭배와 온갖 종류의 속임수와 관련된 모든 것들을 밝은 곳으로 모조리 끌어낸 심씨는 성냥불을 그었다. 시커먼 연기가 하늘로 치솟자 심씨는 찬송가를 펴고 승리의 찬양을 부르기 시작했다.

거듭난 심씨

주의 말씀 받은 그날
참 기쁘고 복되도다.

이 소문은 온 동네에 순식간에 퍼졌다. 믿는 자들이 사방에서 모여들었다. 그리스도를 영접한 후 섬기던 주물들을 버리기는 했지만 심씨처럼 완전히 없앨 정도의 배짱은 한 사람도 없었다. 그러나 심씨의 제단에 붙인 불꽃과 연기가 하늘로 치솟고 심씨의 찬양이 귀에 쟁쟁히 울려오자 그들은 허둥지둥 그때까지 남겨놓았던 미신 찌끄러기까지 들고와 불꽃 위에 던졌다. 그런 다음 그들은 한목소리로 '이 기쁜 날' '기뻐하며 경배하세' '예수 구원했으니' 등 믿는 자의 용기를 노래하는 찬양을 불꽃이 사그라들 때까지 힘차게 불렀다.

심씨는 다시 지도자가 되었다. 이번에는 악의 지도자가 아니라 선의 지도자였다. 심씨는 쉬지 않고 전도했다. 어디를 가든지 성경과 찬송가를 들고 구원의 복음을 알렸다. 악의 무녀가 아닌 예수 그리스도의 제자로 널리 이름이 나기 시작했다. 심씨는 날마다 기도하며 하나님과 친밀한 교제를 가졌다. 때로는 저녁에 혼자 앉아 찬송가를 처음부터 끝까지 부르기도 하고, 성경을 읽고 기도하며 온 밤을 지새울 때도 있었다.

그러는 가운데 심씨는 하나님의 은혜로우신 임재를 다시 한 번 깨닫게 되었다. 신성하면서도 따사로운 분위기가 그녀를 감싸주었다. 문과 창문들이 다 닫혀 있는데도 성경 책장은 미풍에 떨 듯 한 장 한 장 넘겨졌다. 그러면 심씨는 "감사합니다, 감사합니다"라고 나직하게 중얼거리며 잠자리에 들었다. 목마른 영혼이 해갈되고 깊은 마음의 평안을 느끼면서.

성경이 여러 나라의 역사나 시 같은 고상한 문학을 모은 것과 다름없다는 이야기는 심씨에게 통하지 않았다. 성경은 하나님의 말씀 그 자체라고 그녀는 믿었다. 마귀에 대해 너무나 잘 아는 심씨인지라 귀신들리는 것이 무엇인지도 잘 알았다. 가끔 귀신들려 정신이 나가는 사람들이 있었다. 심씨는 복음서에서 예수님이 제자들에게 마귀 쫓는 권세를 주신 것을 읽고 자신도 그 사명을 굳은 믿음으로 해보리라 마음먹었다.

하루는 만식에게서 집으로 와달라는 연락을 받았다. 만식의 집에 도착해보니 비참한 모습의 스무서너 살 된 젊은 여인이 있었다. 머리끝에서 발끝까지 온 몸이 피투성이로 혼자 설 수도 없는 상태였다. 그녀는 그리 멀지 않은 곳에 사는 어느 남자의 둘째 부인이었다. 그런데 그녀가 귀신에 사로잡힌 후 귀신을 쫓아내기 위해 친척들이 날마다 무서울 정도로 그녀를 때려댔다는 것이었다. 그녀가 내지르는 비명 소리를 견딜 수 없었던 만식과 보배는 사람을 시켜 자기 집에 데려다 심씨의 치료를 받게 해보겠다고 전했다.

식구들은 그녀가 아예 없어졌으면 하던 터라 흔쾌히 승낙을 했다. 처참한 꼴을 한 여인은 방구석에 쪼그리고 앉아서 귀신과 중얼중얼 이야기를 하고 있었다.

"아, 안 돼, 안 돼요!"

"그렇지만 넌 꼭 해야 돼!"

"내가요? 하지만 어떻게요?"

"이렇게 해. 내가 보여줄게."

그리고는 속삭이는 소리와 킬킬 웃는 소리를 냈다.

"맞았어. 잘했어! 히히히!"

한순간도 쉬지 않고 그런 대화가 계속되었다. 어떤 때는 맞장구를 치기도 하고, 어떤 때는 애걸을 하며 애처로이 울먹이기도 했지만, 언제나 결국은 사탄의 큰 힘에 굴복했다.

심씨가 그 여인 앞에 정면으로 앉아 한참 동안 살핀

후 물었다.

"당신 귀신들렸소?"

이렇게 점점 큰 소리로 여러 번 되풀이하여 물었다. 그 여인이 대답했다.

"네, 그래요. 나를 불쌍히 여기시고 죽이지는 말아주세요!"

"나는 당신을 해치려고 하는 것이 아니오. 귀신을 쫓아내도록 내가 도와줄 거요."

"제발, 날 내버려두세요. 나 혼자 가만 놔둬요. 난 여기 있을래요. 가만히 내버려둬요."

"내가 시간을 주겠어. 그 이상은 안 돼. 내가 말할 때 그 여자한테서 꼭 나와야 돼."

심씨가 단호하게 말했다. 그리고 만식과 보배에게 따라하라고 손짓을 하고는 방바닥에 무릎을 꿇고 고개를 숙였다. 만식과 보배도 나란히 무릎을 꿇고 앉아 길고 간절한 기도를 올렸다. 그들이 그리스도의 이름을 부를 때마다 그 여자는 욕을 하고 침을 뱉으며, 손과 발로 때리기도 했다.

기도를 끝내고 심씨는 찬송가를 펴서 부르기 시작했다.

하나님 아버지 주신 책은
귀하고 중하신 말씀일세
기쁘고 반가운 말씀 중에
날 사랑한단 말 참 좋도다.

심씨는 경험으로 이 찬송이 귀신들을 내쫓는 데 힘이 되는 것을 알았다. 귀신들린 여자가 격렬하게 드러내는 증오심과 원한이 낮고 단조로운 흐느낌으로 가라앉을 때까지 그들은 이 찬송을 쉬지 않고 불렀다.

"자, 이제 내가 우리 주 예수 그리스도 이름으로 엄숙히 명하노니 이 여자에게서 나와 떠나라!"

"아니, 그렇게 빨리는 안 돼. 좀더 있다가. 새벽닭이 울 때까지는 무슨 일이 있어도 있겠어!"

"자정까지. 절대로 일 초도 지나면 안 돼!"

심씨가 단호하게 말했다.

어느새 저녁이 되었다. 여느 때와 다름없이 예배를 드리기 위해 사람들이 모여들었다. 귀신들린 그 여자를 가운데에 앉혔다. 심씨의 인도 아래 그녀를 위한 기도회가 시작되었다. 저녁 몇 시간 동안 그녀는 한 번씩 으르렁거리거나 애처로이 우는 소리를 내는 것 외에는 너무나 조용했다. 하지만 자정이 가까워오자 우리 안에 갇힌 짐승처럼 쉬지 않고 이쪽저쪽으로 몸을 움직이며 불안해하면서 어쩔 줄을 몰라했다. 자정이 되었다. 심씨는 일어나 명령할 자세를 취했다. 기도가 그치고 온 방 안에 침묵이 흘렀다. 심씨가 큰 소리로 외쳤다.

"너 더러운 귀신아, 내가 나사렛 예수 그리스도의 이름으로 엄숙히 명하노니 그 여자에게서 나오너라!"

그 말에 여자가 뒤로 넘어졌다. 그리고는 방바닥에 누워 소리를 질러대고 격렬하게 몸부림을 치더니 곧 모든 소리와 움직임이 그쳤다. 마치 죽은 것 같았다. 다른 사람들은 두려움에 놀라 떨었다. 그러나 담대한 심씨는 침착함을 잃지 않았다. 물을 가져오라고 하더니 그녀의 얼굴과 가슴에 뿌렸다. 그녀는 곧 정신을 차리고 일어나 앉았다. 너무나 허약한 상태였지만 정신만은 고요하고 맑았다. 귀신은 도망쳤고 다시는 돌아오지 않았다. 그 순간부터 그 둘째 부인과 온 가족이 믿음의 모임에 동참했고, 구원을 얻은 이들과 함께 영생의 길을 걸었다.

9. 그리스도의 세상

복음이 마을 사람들에게 퍼져가면서 하나님 나라의 좋은 씨앗들이 깊이 뿌리를 내려 그들의 가슴에 싹트기 시작했다.

저녁 예배에 모이는 숫자가 너무 많아지자 두 군데로 장소를 나누어 예배를 드리게 되었다. 남자들은 만식의 집으로, 여자들은 고판수의 집으로 모이게 되었다. 고판수와 심씨는 각 모임의 인도자로서 이전의 동업자 관계가 다시 시작되었지만, 그것은 근본적으로 다른 것이었다.

모임에 참석하는 사람들의 수는 계속해서 늘어났고, 몇 달 되지 않아 양쪽 집 모두 발 디딜 틈이 없게 되었다. 예배 도중에 한번 일어났다가는 앉았던 자리에 다시 앉기가 불가능할 지경이었다. 대청도 가득 찼고, 심지어는 마당에까지 서야 했다. 그들은 예배를 드릴 넓은 장소가 필요하다고 절실히 느꼈다.

만식의 주선으로 전체 모임을 갖게 되었고, 예배당 건물이 필요하다는 것에 만장일치를 보았다. 모임의 목적이 무엇인지를 알고 있던 그들은 예배당을 세우기 위해서 어떤 희생이라도 감수하겠다고 단단히 각오를 하고 있었다. 찬송과 성경 봉독이 끝난 후, 임원이 선정되었고 헌신을 하는 순서가 되었다. 여섯 명의 남자가 일어났다. 그때 청중들 중앙에 함께 앉아 있던 마을의 원로 세 사람이 일어나는 통에 젊은이들은 다시 자리에 앉았다. 그들은 마을 사람들의 존경을 받았는데, 그 중 한 노인이 대표로 연설을 했다.

"믿음의 형제 자매 여러분, 우리 주변에는 마귀와 목석 우상을 숭배하는 집이 많이 있습니다. 그러나 지금 이 날까지도 우리는 하나님께서 거하실 만한 곳을 단 한 곳도 지어드리지 않았습니다. 지난날 우리는 악한 것들을 섬기는 데 우리의 모든 인생을 바쳤습니다. 인생은 짧습니다. 우리에게 남겨진 얼마 안 되는 시간 동안 옛 생활을 청산하고 하나님의 영광을 위한 제단을 쌓읍시다. 그러니 만큼 부처가 있는 절을 부수고 이제 하나님의 성전을 지읍시다."

세 노인이 자리에 앉자 사방에서 동의의 함성이 높았다.

거시기가 시름에 싸여 자주 찾던 절은 지금은 중들도 떠나버리고 찾아와 비는 사람도 없었다. 절간 재목은 대부분 매우 오래되기는 했지만 쓸 만한 것들도 있었다. 그리고 수백 냥어치가 넘는 석재와 기와도 있었다. 산꼭대기에 있는 절은 마을에서 두어 시간 산길을 타야 하는 먼 거리였다. 손으로 재목을 날라야 될 판에 장정 오십여 명이 자원하고 나섰다. 고판수는 재목을 나르는 데 쓰도록 자기 황소를 내놓았다. 그것은 그에게 큰 희생이었다. 내년에 봄 밭갈이를 할 때 황소 대신 자신이 쟁기를 끌어야 한다는 뜻이었기 때문이었다. 사람의 힘으로 밭갈이를 하는 것은 쉬운 일이 아니었고, 밭이 제대로 갈리지 않으면 한 해 농사도 제대로 되지 않을 것이었다. 그러나 고판수는 그것을 감당할 자신이 있었다.

예배당을 지을 땅은 노씨 할아버지가 내놓았다. 자신이 죽으면 묻힐 묘지로 쓰려고 오랫동안 아껴두었던 경치가 아름다운 곳이었다.

"이 늙은이 죽거들랑 아무 데나 묻어주게. 그 자리에 하나님의 집이 세워지는 것을 꼭 보고 싶네."

이번에는 민씨 부자가 나서서 11대에 걸쳐 문중 재산으로 내려오던 소나무 숲의 목재를 바치겠다고 약속했다. 그러자 여러 남자들이 벌목을 해서 대들보와 기둥을 만드는 일을 하겠다고 그 자리에서 자원했다.

다음에는 여자들 차례였다. 심씨는 은반지 두 개를

빼서 아끼고 아끼던 금칼집과 같이 내놓았다. 뒤이어 다른 여자들도 금, 은, 옥 장식품들을 내놓았다. 건축 임원들 앞에 헌신의 귀중품들이 한 무더기가 쌓였다.

보배는 명주 한 필을 약속했다. 누에를 얻어다 명주를 짤 생각이었다. 거시기는 목화 수확을 계산해보고 무명 두 필을 약속했다. 이가 다 빠진 권씨네도 하나밖에 없는 돼지를 팔겠다고 했다. 정일 엄마는 자기네 닭이 병아리를 부화하면 그것을 바치겠다고 했다. 어떤 가난한 아낙네는 슬그머니 나갔다가 보따리 하나를 들고 들어왔다. 시집을 때 가져온 비단 두루마기였다. 술주정뱅이 남편에게 구박을 받고 사는 그 여인에게는 그 두루마기가 유일한 재산이었다.

모든 헌신의 순서가 끝났다. 그러나 한쪽 구석에서 과부된 지 오래된 한 여자가 흐느껴 울고 있었다. 그녀는 아무것도 바칠 것이 없었다. 그러자 모두 그녀 주변에 모여들어 손을 잡으며 위로해주었다. 그녀의 눈물이 어떤 물질보다도 더 값진 것임을 그들은 잘 알고 있었다.

이 뜻깊은 날, 마을 사람들은 '조왕리'라는 마을 이름 그대로 왕을 도운 셈이었다. 이 역사적인 모임을 마치고 집으로 돌아가는 그들의 마음은 주체할 수 없는 기쁨으로 가득했다.

며칠이 지나고 이른 봄 새벽녘, 산길을 한 줄로 올라가는 남자들의 행렬이 있었다. 지게를 지고, 큰 소쿠리를 이고, 도끼와 곡괭이를 둘러멘 그들은 찬송을 부르며 산으로 올라갔다. 그들의 우렁찬 찬송 소리는 온 숲에 울려 퍼져 메아리쳤다. 낡은 절간에 다다르자 그들은 와르르 달려들어 일을 시작했다. 지붕을 뜯어내고, 벽을 허물고, 오래된 재목들을 떼어냈다. 그들의 마음속에 샘솟듯 생각나는 찬송가 가락들은 결국 입술에서 달콤한 선율이 되어 새어나왔다. 오래된 부처의 귀에도 익숙치 않은 노래들이 윙윙거리듯 울렸다.

높이 존경받는 우상으로 군림해온 부처는 오랜 세월 지내오면서 고통당하는 수많은 마음들을 들여다보았고 수많은 사람들의 애끓는 기도도 들었다. 또한 탐욕과 허위와 이기심과 강탈도 모두 다 보았다. 하지만 이날 그는 처음으로 거룩한 성령 안에서 사랑과 평화와 기쁨에 찬 사람들을 보았고 여호와를 찬양하는 노랫소리를 들었다. 권력은 사라지고 자신에 대한 예배가 멸시로 전락했음을 깨달았을지라도 분한 심정이나 그 어떤 감정도 드러낼 수 없는 무덤덤한 얼굴로 자신의 자리에 서 있었다.

하지만 일꾼 하나가 실수로 부처상을 뒤로 넘어뜨리게 되었다. 부처상은 땅에 눕혀졌다. 금칠을 한 어깨는 흙 속에 묻혔고 그를 받치고 있던 판이 뒤집혀져 사람들에게 드러났다. 마침내 그가 속이 텅 빈 엉터리였다는 것이 들통나고 말았다.

오후부터 저녁 늦게까지 산기슭을 타고 내려오는 행렬이 줄을 이었다. 그들은 돌과 기와를 수 차례 지게로 지어 날랐다. 몸은 말할 수 없이 피곤했지만 마음은 날아갈 듯 가벼웠다. 고판수의 황소도 한몫 톡톡히 해냈다. 마침내 마지막 짐을 싣고 내려올 때는 누구나 할 것 없이 기쁨으로 흥에 겨웠다.

예배당은 늦여름에 세워졌다. 교인들은 그들의 수고의 열매를 마음껏 즐겼다. 어느 날 읍내에서 반가운 소식이 전해졌다. 선교사가 방문한다는 것이었다. 선교사는 헌당식, 세례 문답식, 성찬식, 혼례식 등을 주관할 것이며 교인들의 사정에 따라 조언도 하고 책망이나 훈계도 하여 다음 방문 때까지 긴 시간을 신실하게 신앙을 지켜가도록 도울 것이었다. 선교사를 모시게 될 만식과 보배는 설레는 마음으로 손꼽아 그날을 기다렸다.

한편 선교사 집에서도 여행 준비에 바빴다. 천으로 만든 접이식 침대와 잠옷 한 벌을 큰 가방에 챙겼다. 이번 여행은 짧은 여행이었기 때문에 늘 요리사 신분으로 따라다니던 영규도 데리고 가지 않을 예정이었다. 이것을 안 영규는 불만스러웠다. 그래서 선교사의 의자 뒤에서 시무룩한 표정으로 눈을 내리뜨고 말도 없이 서 있다가 드디어 입을 떼었다.

"부인께서 그러시는데 이번에 조왕리에 가신다지요?"

그렇다고 대답하자 영규는 다시 조심스레 말을 건넸다.

"바로 거기가, 저랑 결혼하기로 되어 있는 여자가 사는 동네입니다."

"그래요? 우린 영규가 약혼한 줄도 몰랐어요. 그래 얼마나 되었죠?"

선교사는 관심을 표했다.

"몇 주밖에 안 됐어요. 저는 통 생각이 없었어요. 그런데 저의 어머님과 중매쟁이들이 볶아치는 바람에 하도 귀찮아서 그러자고 했지요."

영규는 씁쓸하다는 듯 대답했다.

"이거 흥미로운 일인데요. 물론 영규는 그 여성을 본

적이 없겠지요?"

"손하고 발만 봤어요."

걱정스런 말투였다.

"그 여성의 손과 발이라? 그건 어떻게?"

"아는 친구가 저에게 일러주었지요. 어느 날 몇 시에 그 여자가 어디를 지나갈 테니 슬쩍 보라구요. 그래 그 길의 어느 집에 들어가 문 틈으로 몰래 보았지요."

"그래, 마음에 들던가요?"

선교사가 조심스럽게 물었다.

"글쎄, 어느 정도는…."

우물쭈물 말하던 영규가 불쑥 용기를 내어 말했다.

"부인 말씀이 선생님 나라에서는 결혼하기 전에 남녀가 서로 보고 말도 한다지요?"

"그럼요. 그건 한국 풍습과는 정반대지요?"

영규가 고개를 끄덕였다.

"네, 그래요. 그것 말고도 반대인 것이 한두 가지인가요? 그렇지만 저는 선생님 나라 식이 더 좋아요. 저, 선생님, 저도 이번에 쫓아가서 그 여자 한번 볼 수 있을까요? 물론 저 혼자 말고 선생님과 그 여자 식구들 있는 데서…."

영규는 자신의 당돌함에 스스로 놀랐다. 오래 내려온 이 나라 풍습이 어떻다는 것을 알고 있는 선교사는 영규의 요청이 쉬운 문제가 아니라고 생각했다. 그는 그 문제를 상의하기 위해 아내를 불렀다. 영규는 부인이 자기에게 유리하게 이야기해주기를 바라면서 부엌으로 들어갔다.

이튿날 아침, 영규의 발걸음은 가벼웠다. 뺨이 불그레 상기되었고, 눈은 생기 있게 빛났으며, 길게 땋은 머리는 단정하게 빗은 후 윤이 나도록 기름을 발랐다. 상쾌한 여름 아침, 한 마장쯤 되는 거리를 두 사람은 기쁜 마음으로 걸었다. 길이 멀게 느껴지지 않았다.

곧 조왕리 마을이 눈에 들어왔다. 온 마을 사람들이 선교사가 오기를 학수고대하고 있었다. 그 중 윤씨 할머니는 점심으로 잡수라고 삶은 거위알을 들고 동구 밖으로 나와 제일 먼저 그들을 반겼다. 낯선 이방인에게 거위알은 먹기에 고역스런 음식이었지만, 순교자가 많은 스코틀랜드 혈통의 자손인 그는 대담했으며 무슨 음식이든 소화를 잘 시켰다. 선교사는 감사히 거위알을 받아 들고 만식의 집까지 왔다. 선교사는 천천히 한 입씩 먹기 시작했다. 윤씨 할머니는 그 거위알이 다 없어질 때까지 순박하고 만족스러운 얼굴로 선교사를 지켜보았다.

계속 이어지던 인사가 끝나자 선교사는 일을 시작했다. 우선 세례 문답이 있었다. 열두 명의 지원자들은 떨리는 듯 초조해 보였다. 그러나 그들은 세례를 받을 마음의 준비가 단단히 되어 있었다. 다음은 초신자 지원자들이었다. 남자, 여자 그리고 아이들까지 섞여 있었다. 그 중에 열한 살 된 사내아이가 아버지의 손을 이끌고 들어왔다. 저녁 예배를 다니며 그리스도를 영접한 후, 아버지의 핍박을 받으면서 믿음을 지켜온 아이였다. 심한 매질에 집에 감금당하고, 심지어 아버지의 손에 칼로 찔리기까지 했지만 흔들림 없이 믿음을 지켜낸 그 아이가 마침내 아버지의 마음을 무너뜨린 것이었다. 그 아버지가 오늘 아들의 손에 이끌려 예배당을 찾게 되었다.

윤씨 할머니 차례가 되었다. 이 할머니는 만식의 집을 지나칠 때마다 듣는 노랫소리에 마음이 끌려 관심이 생기게 되었다. 지금껏 그렇게 흐뭇한 가락을 들어본 적이 없었다. 윤씨 할머니는 좀더 오래 살아 그런 노래를 부르고 싶었다. 예순여섯 살에 글이라곤 기역 자도 읽을

줄 몰랐다. 그러나 가사가 적혀 있는 노래 책이 있다는 것을 알고부터 부쩍 글을 배울 욕심이 났다. 그래서 손녀딸에게 열심히 배웠다.

"나도 이젠 읽을 수 있소! 들어봐요."

윤씨 할머니는 자신 있게 말하며 옆에 앉은 복둥이의 찬송가를 펼쳤다.

"예, 수, 사, 랑, 하, 심, 은, 거, 룩, 하, 신, 말, 일, 세!"

손가락으로 한 자씩 짚으며 떨리는 음성으로 더듬더듬 읽어갔다. 평생 가장 행복한 순간이었다. 이렇게 윤씨 할머니와 복둥이는 초신자 명단에 오르게 되었다.

이번에는 갓 믿기 시작한 민씨가 한 여자를 데리고 들어왔다. 울었는지 눈이 빨갛게 충혈돼 있었으나 침착한 태도였다. 민씨가 말했다.

"목사님, 솔직히 말씀드릴 것이 있습니다. 전 큰 죄를 지었습니다. 아시다시피 저는 자식이 없습니다. 한 번이라도 제 자식을 가져 무릎 위에 앉히고 노는 걸 보았으면 하고 소원해왔습니다. 가문도 끊어지지 않고 저 죽은 후 제사도 받고 싶었지요. 그래서 결국 유혹을 이기지 못하고 첩을 얻었습니다. 그러나 그 일로 한시도 마음이 편치 못했습니다. 며칠 전 선교사님이 오신다는 얘기를 듣고도 나타나기가 부끄러워 가실 때까지 숨어 있어야겠다고 마음먹었습니다. 방구석에서 눈물만 흘리며 있었습니다. 그런데 제 작은 마누라가 이렇게 말했습니다. 우리가 지은 죄, 사람 앞에서 부끄럽다면 어떻게 하나님 앞에 서겠느냐고요. 그래 우리는 밤을 새고 궁리한 끝에 새벽녘에야 하나님께서 애통하는 자들에게 약속하신 위로를 받았습니다. 마누라 말이 죄를 짓고 사느니 참되게 죽는 게 낫다고… 하나님의 뜻대로 헤어지자고 하더군요. 저도 그 말이 옳다고 생각했습니다. 지금 소달구지에 작은 마누라 짐을 싣고 가는 길에 모든 것을 선교사님께 용서받고 싶었습니다."

선교사는 손으로 얼굴을 감쌌다. 눈물 방울이 뚝뚝 돗자리 위로 떨어졌다. 손수건을 찾는 선교사에게 민씨가 얼른 두루마기 끈을 풀어주었다. 선교사는 거리낌없이 그 끈으로 눈물을 닦았다. 그는 목이 메어 말을 잇지 못했다. 그 방 안에는 민씨의 잘못을 걱정하며 회개하기를 매일 기도한 친지와 이웃들이 많이 있었다. 침묵이 흘렀다.

민씨의 작은댁이 일어났다.

"여러분, 오늘 이 가슴에 있는 감사를 어떻게 표현할

길이 없습니다. 보잘것없는 저 같은 더러운 계집을 하나님께서는 천하다 하지 않고 불쌍히 여기셨습니다. 예수님의 사랑이 죄의 구렁텅이에 있는 저를 건져주셨습니다. 우리 주님께서 저같이 천한 몸에게도 이런 기적을 베푸셨으니 여러분같으신 분들이야 더 말할 나위 없겠지요. 여러분 온 정성을 다하여 그분을 섬기지 않으시겠습니까!"

기도와 찬송이 이어졌다. 그리고는 모두 문으로 나가 그들을 환송했다. 소달구지에는 옷 보따리, 이불, 베개, 항아리 몇 개, 성경, 찬송가, 겨우살이 음식 등이 실려 있었다. 아무도 입을 여는 사람이 없었다. 다만 민씨의 뒤를 따라 소달구지를 타고 떠나가는 그녀를 동정의 눈으로 바라볼 뿐이었다.

저녁 식사 시간이 되자 보배는 낮은 밥상에다 김이 모락모락 나는 음식을 차려 들어왔다. 거시기도 정성 들여 만든 메밀국수 한 사발을 들고 숨을 할딱이며 뛰어왔다. 선교사 혼자 식사하도록 자리를 피하는 것이 예의인 줄 알면서도 호기심에 문을 조금 열어두었다. 구경하려는 머리들이 그 문 틈을 옹기종기 둘러쌌다.

선교사는 먼저 국을 들었다. 맛이 괜찮았다. 단지 개

고기국이 아니기만을 바라면서 국그릇을 다 비웠다. 그런 다음 메밀국수를 앞으로 가져왔다. 그는 여기 사람들 흉내를 내 그릇을 입 근처에 대고 젓가락으로 쭉 빨아올리는 기술을 터득하려고 열심히 연습했으나 번번이 실패했다. 이번에도 마찬가지였다. 스르르 국수발이 미끄러져나가 한 가닥도 먹을 수가 없었다. 여러 번 시도해보았으나 허사였다. 모습을 밖에서 훔쳐보던 사람들은 차마 웃음을 터뜨릴 수가 없었다.

　소리 없이 보고 서 있던 김 노인이 손잡이가 긴 놋숟가락을 들고 들어가 서툰 젓가락질로 곤욕스러워하는 그를 도와주었다. 마침내 숟가락의 도움으로 국수 한 가닥이 잡혔다. 남은 식사를 하는 동안 김 노인은 그의 옆에 앉아 먹기 편하도록 한 숟가락씩 도와주었다. 그리고 구운 생선을 손으로 발라 선교사 입에다 넣어주었고 가끔 수저를 두루마기 자락으로 닦아주기도 했다. 김 노인은 온 정성을 다해 선교사를 보살펴주었다.

　저녁 식사 이후 더 많은 문답이 있었고, 결혼식도 있었다. 밤 8시쯤에 영규가 나타났다. 무언가 바라는 듯한 영규의 표정을 보자 선교사는 그제야 생각이 났다. 영규가 어머니 혼자 정한 색시를 보려는 것이었다. 영규의 청은 전통적인 관례에 어긋나는 것이었기 때문에 신부집 부모가 펄펄 뛰는 것을 억지로 찬성을 얻어놓은 상태였다.

얼마 안 가 신부집에 도착했다. 방 안이 그쪽 친척들로 꽉 차 있는 가운데 신부 될 여자가 눈을 아래로 뜨고 말없이 앉아 있었다. 영규는 멀찌감치 떨어져 앉았다. 선교사는 영규가 신부 쪽으로 고개를 돌리는 것을 보지 못했다. 그러나 그 만남이 끝나고 걸어나오며 영규는 부부로 잘 살 수 있을 것같다고 자신 있게 말했다. 도대체 제대로 보는 것같지도 않았는데 어떻게 그런 대답을 하는지 선교사에게는 수수께끼같았다. 그러나 영규의 말대로 나중에 그들은 행복한 한 쌍이 되었다.

구름 한 점 없이 맑은 주일 새벽이 밝았다. 이른 아침부터 성도들이 새 예배당에 모여들기 시작했다. 하루 종일 굶주린 영혼들을 위한 잔치가 계속되었다. 오전에는 새벽 기도회로 시작해서 주일학교와 헌당 예배, 오후에는 세례식과 성찬식, 저녁에는 기도와 찬양, 간증 예배가 이어졌다.

그 하루가 심씨에게는 너무나 은혜스러웠다. 저녁이 되자 모든 사람들이 하나님의 구원의 능력에 대한 감격스러운 간증으로 자신들의 마음을 쏟아냈다. 그때 심씨가 자리에서 벌떡 일어났다. 손에 들고 있던 금을 입힌 부처 목상을 선교사에게 내밀었다.

"미국으로 돌아가실 때 이걸 가지고 가세요. 이런 것들을 숭배하던 사람들이 그리스도의 복음으로 해방되었다고 알리세요."

모임이 끝나고 서로 작별 인사를 나눌 때는 아주 늦은 밤이었다. 그러나 휘영청 밝은 달빛을 받으며 집으로 향하는 선교사는 기쁜 마음으로 찬송을 불렀다. 흩어지는 교인들의 입에서도 나즈막히 찬송가가 흘러나왔다.

보배와 만식도 옥수수 밭 한가운데로 난 길을 걸었다. 여름 밤 미풍에 긴 잎사귀들이 그들의 머리 위에서 바스락 소리를 내며 속삭였다. 만식은 눈먼 어린 아들을 등에 업고, 보배는 할아버지의 손목을 잡고 걸었다. 하늘 높이 달빛이 흐르고 안식일의 평화와 고요함이 온 세상을 가득 덮었다.

보배는 어릴 적 소녀 시절을 생각했다.

'그날도 오늘 같은 여름 밤이었어. 어머니 심부름으로 마을로 나갔던 밤, 그때 온 세상은 죄악과 고통으로 가득 차 있다고 생각했었지.'

보배는 달빛 속에서 손을 내밀어 만식의 옷자락을 살며시 잡았다. 그리고 하늘을 우러러보며 낮은 소리로 속삭였다.

"정말 세상이 변했어요."

따라 따라 예수 따라가네

1쇄 발행 2006년 10월 10일
7쇄 발행 2024년 09월 30일

지은이 애니 베어드
옮긴이 유정순
펴낸이 고종율
펴낸곳 주)도서출판 디모데〈파이디온선교회 출판 사역 기관〉
등록 2005년 6월 16일 제 319-2005-24호
주소 서울특별시 서초구 서초대로 141-25(방배동, 세일빌딩)
전화 마케팅실 070) 4018-4141
팩스 마케팅실 02) 6919-2381
홈페이지 www.timothybook.com

ISBN 89-388-1263-4
ⓒ 2006 도서출판 디모데 All rights reserved. 〈Printed in Korea〉